아버지의 꽃지게

아버지의 꽃지게

초판 인쇄 2016년 5월 5일
초판 발행 2016년 5월 10일

저 자 황성자
발행인 박몽구
발행처 도서출판 시와문화
등 록 2007년 2월 13일
등록번호 제2007-000005호

주소 (13955) 경기 안양시 동안구 경수대로
883번길 33, 103동 204호

Tel. (031) 452-4992
E-mail. poetpak@naver.com

ISBN 978-89-94833-23-1(03810)
정 가 12,000원

아버지의 꽃지게

황성자 글, 그림

목차

제3장 들꽃 같은 아내 바람에 묻고

제4장 바람이 되어

제5장 소년과 우체부

아름답고 따뜻한 위로가 되길 바라며

광속으로 질주하는 세상은 머뭇거릴 사이도 없이 맹렬하다. 속도에 밀린 나는 휘청거린다. 호흡을 가다듬고 천천히 걷기 시작했다. 굽은 등을 펴고 내 안으로 아름다운 인연들이 들어오는 길목을 터 주었다.

놀랍게도 질주하며 놓친 일상의 사소함들이 내 품으로 안겨 들었다. 삶의 모퉁이 마다엔 거저 된 것이 하나 없고 내가 건너온 시간들 속엔 수많은 사람들의 희로애락이 함께 뒹굴었다.

문득 내 기억이 어딘가로 줄달음질치기 시작한다. 쿵쿵! 심장 박동 소리를 높이며 멈춰 선 그 곳, 아버지다. 단 한 번 살갑게 안아 드리지 못했던 나의 아버지는 젊은 나이에 요절하셨다. 바람에 꽃비가 쏟아진다. 햇살처럼 환한 웃음을 지으며 꽃지게를 진 채 내게 내미는 등이 새우처럼 굽어있다. 어느새 백발의 노인이 되신 아버지, 왈칵 솟는 눈물….

풍랑을 만나 심하게 요동치는 돛단배의 절박함처럼 유년시절의 기억을 붙잡고도 싶었고 때로는 치매 환자처럼 깨끗이 지워 버리고 싶은 사춘기도 있었다. 지천명에 이르러서야 아버지의 사랑을 알게 되고 가슴 시리도록 푸른 멍을 지고, 삶의 무게에 짓눌려 살았을 아버지의 아픔이 이해가 되었다. 부유했던 시절을 모두 잃어버리고 떠나야만 했던 가장의 고통을 자식농사를 지어보고 난 후에야 알게 된 것이다. 가슴속에 묻어 두었던 아픔들을 꺼내어 헹구고 세월의 바람으로 말리다 보니 문득 그립고 아련한 추억이 되어 있었다.

총총히 달려간 유년 시절은 참으로 놀라웠다. 복사꽃보다 환한 아버지의 미소와 화롯불 곁에 옹기종기 둘러앉은 오남매의 웃음소리가 담을 넘고, 토닥토닥 엄마의 다듬이질 소리에 마음은 한없는 따스함으로 속살거렸다.

나와 동시대를 살았을 사람들이나 지금을 살아가는 사람들이 제 부모에 대한 사랑의 방법은 달라도 근원은 같을 것이다. 소통이란 매개체가 전자파를 뒤집어쓴 기계들이 주를 이루는 세상이다. 부모 자식 간의 사랑이나 형제자매 간의 사랑만큼은 전자파의 힘을 빌지 않아도 단 하나의 추억에도 가슴이 저려오고 눈시울이 붉어지는 가장 원초적 본능의 소통은 아닐까.

그런 이유로 난 건조한 세상살이의 중심에서 이 책의 한 줄이라도 동심의 기억을 떠올려 가장 아름다운 사랑법으로 소통하는 자유로움을 얻을 수만 있다면 더없이 행복하겠다.

2016년 봄

황성자

제1장

아버지의 꽃지게

즉흥 환상곡

무언가 일이 잘 풀리지 않을 때나 기분 전환이 필요할 때면 가끔 친구랑 들르는 곳이 있다. 그곳은 바로 안양유원지의 구석진 곳에 위치한 카페다. 카페 내부엔 7~80년대에 입었던 여고시절 교복과, 남학생 교련복, 책가방들이 전시되어 있어 그 시절의 향수에 흠뻑 빠져들게 된다.

'아~아 아아아/ 아아아/ 아아/ 아아아~~' 허밍으로 들려오는 '쇼팽의 즉흥 환상곡'

"이렇게 함박눈이 펑펑 쏟아지는 추운 겨울날 떠나가신 그분을 생각하며 듣고 싶습니다."

향수에 젖어 들게 하는 DJ의 감미로운 목소리로 사연이 소개되고 있었다. 중등 시절 서울에서 간호사를 하는 친구 언니가 직접 녹음해서 보내준 카세트 테이프에는 쇼팽의 즉흥 환상곡, 헝가리 무곡 제5번, 비발디의 사계, 슈베르트의 세레나데 등등이 수록되어 있었다. 그 중에서 허밍으로 된

'쇼팽의 즉흥 환상곡'을 가장 좋아했었는데 지그시 눈을 감고 감상하다 보면 나만의 아름다운 상상의 세계로 온전히 빠져들곤 했다.

10년 전쯤 어느 해 겨울, 폭설이 쏟아지고 있었다. 세상을 다 덮어버릴 듯 쏟아지는 눈은 공포스럽기까지 했다. 전국엔 교통이 마비되고 바깥출입을 금하라는 속보가 방송을 통해 쉴 새 없이 흘러 나왔다.

요란한 전화벨 소리와 함께 유선을 통해 들려온 부음에 나도 모르게 털썩 주저앉아 버렸다. 당숙 아저씨가 돌아가셨단다. 한파와 폭설에 마비된 교통 상황은 전국을 옴짝달싹 못하게 묶어버려 청주에서도 위험하다고 내려오지 말라는 전화가 연신 빗발쳤다. 동동거리며 사방팔방 차편을 알아봐도 폭설에 차단된 도로는 답이 없었다.

어디에 두었었는지 몰라 미친 여자 모양 정신없이 찾아낸 낡은 카세트 테이프 하나, 마치 잃어버린 유품을 찾듯 기억을 더듬어 찾아낸 볼품없는 테이프엔 '쇼팽의 즉흥환상곡'이라 쓰인 글씨가 빛이 바랜 모습으로 세월을 짐작케 했다. 수십 년도 넘은 카세트 테이프는 낡을 대로 낡아지고 늘어져서 본래 소리를 잃어버린 지 이미 오래이다.

날이 선 칼날에 손톱을 베이듯 가슴이 아파왔다. 상심의 그늘은 여고시절 교정 앞에 우뚝 서 있는 버드나무 앞 벤치에 드리워졌다. 따사로운 햇살이 등을 토닥이고 바람에 꽃비가 쏟아지던 어느 봄날, 교정 앞 버드나무 아래 벤치에 앉아 친구들과 수다 삼매경에 빠져들어 있던 나를 부르는 소리.

교감 선생님께서 찾으셨단다. 후다닥 교무실로 달려가니 장신에 눈은 부리부리하시고 훤칠한 외모에 웃음기가 전혀 없는 조금은 거만한 느낌마저 드는 교감 선생님! 나를 향한 한마디가 가슴을 후볐다. 눈물이 주르륵 쏟아졌다.

"야 이 녀석아, 집안 형편도 어려운데 야간을 가지 왜 주간을 왔어?"

교감 선생님은 아버지의 이종사촌 형이며 내겐 당숙아저씨다. 어릴 때부터 유난히 나를 예뻐하셔서 자주 집에 데려가시곤 했었는데 여고에 입학해 보니 아저씨는 교감 선생님으로 재직중이셨고 난 그 사실이 은근히 든든했었다.

아버지는 물려받으신 유산이 이미 거덜이 난 지경이었고, 머슴을 부리며 살던 시절은 옛이야기가 된 지 오래. 병석에 누워계신 아버지를 보살피시며 집안 살림을 꾸려나가시는 엄마의 고생은 말로 못할 지경이었고 그런 사정이 너무 안타까워서 하신 말씀인 줄 알면서도 자꾸 마음이 시큰거렸다.

며칠 후, 교정엔 봄비가 내리고 있었다. 휘늘어진 버드나무 가지엔 새순이 돋아 연초록빛으로 물들어가고 벚나무엔 꽃망울이 잔뜩 부풀어 올랐다. 턱을 괴고 멍하니 교실 밖 풍경을 바라보고 있는데 친구 선희가 어깨를 '툭' 치며 복도 쪽으로 눈짓을 한다. 교감선생님이 한참 전부터 너를 바라보고 계셨다며 무슨 일인지 궁금해 죽는다.

교감선생님이 당숙아저씨란 사실을 이야기하자 선희의 커다란 두 눈이 왕방울만 해졌다. 학교가 끝나면 집에 들렀다 가라 하시는 아저씨 말씀에 '네' 대답은 했지만 괜스레 맘이 불편했다. 아저씨 댁 대문을 여는 순간 환하게 웃으며 반기시는 아저씨와 댁 식구들의 모습에 무거웠던 맘이 내려졌다.

아저씨를 무척이나 좋아하면서도 뭔지 모를 근엄함에 어렵기도 했었는데 웃으시는 모습이 오히려 낯설게 느껴졌다. 저녁을 먹는데 밥숟가락 위에 반찬을 이것저것 얹어 주시는 아저씨, 순간 병석에 누워계신 아버지의 모습이 스쳤다.

서재로 부르셔서 가보니 방엔 온통 LP판과 책들이 빼곡하게 들어차 있었고 커다란 앰프에서 울려 퍼지는 음악은 마치 딴 세상에 온 것처럼 정신이 아득해지기까지 했다. 클래식을 좋아하느냐고 물으셔서 얼떨결에 그렇다고 답을 하니 베토벤, 쇼팽, 모차르트 등 거장들의 곡을 한 시간도 넘게 틀어주시며 음악으로 소통하니 참으로 기특하다 하셨다.

그 후로 아저씨 댁에 드나드는 일이 잦아졌고, 그런 날 아버지는 못마땅해 하시는 눈치였다. 집이 멀다고 자고 가라 하시면 그렇게 했고, 가끔 친구분들 만나는 자리에도 데려가 주시곤 했다. 아침 등굣길에 가방을 들어주시기도 하고 비가 오는 날이면 교문 앞에서 우산을 들고 기다려 주셨다. 그런 아저씨와의 사이가 각별해질수록 이상하게도 아버지의 눈치가 보였다.

두 분 사이의 알 수 없는 불편함과 신경전이 내내 맘이 쓰였지만 아저씨의 자상함을 차마 물리치기가 어려웠다. 그때 당시 명문여고를 졸업하신 아주머니께서는

"아저씨가 너를 가까이 하면서 웃음도 많아지시고 말씀도 많아지셨다. 아저씨는 네가 딸이었음 좋겠다고 하시더라. 자주 오너라. 고맙다 얘야."

라고 하시며 아저씨께서 신장 하나를 적출하셔서 늘 건강이 걱정이라 하셨다. 여고 삼학년이 되던 4월의 어느 날, 오랜 시간 병석에 누워계시던 아버지는 하늘나라로 떠나시고 시름에 젖어있던 내게 아저씨께서 포장지로 싼 걸 내미셨다. 뜯어보니 편지와 함께 손수 녹음하신 카세트 테이프였다. 다양한 연주로 이루어진 쇼팽의 '즉흥 환상곡'이 여러 곡 수록되어 있었다.

"힘들 텐데 항상 웃는 너를 보고 나도 많은 생각을 하게 되었다. 네가 이 음악을 제일 좋아하는 것 같아서 따로 녹음했는데 어떨지 모르겠구나."

짧은 편지였지만 온몸에 소름이 돋을 정도로 전율이 스쳤다. 친자식보다도 더 아끼고 애틋하게 보살펴 주시던 아저씨의 곁을 떠나 서울로 상경해 직장 생활을 하면서 점점 아저씨의 존재가 뇌리에서 지워져 가고 있었다. 결혼을 하고 두 아이의 엄마가 되면서 바쁘게 산다고 연락을 못 드리다가 폐암에 걸리셔서 산본에 있는 아들 집에 올라와 계신다는 소식에 찾아뵈니 이미 병색이 깊을 대로 깊어지신 상태였다.

죄송한 맘을 차마 말로 표현 못 하고 아저씨께 밥을 떠먹여 드리는데 환하게 웃으며 좋아하시는 모습에 눈물이 쏟아졌다. 아저씨를 뵙고 나오는 발걸음이 영 무거웠다. 그동안 찾아뵙고 지냈으면 얼마나 좋아하셨을까. 머리 검은 짐승은 거두는 게 아니라더니 꼭 날 두고 하는 말 같아서 마음이 더 아려왔다.

그 해 가을을 어렵게 버티시며 한방치료로 좋아지셨다는 소식에 참 다행이고 감사하다 생각했었는데, 느닷없이 혹한에 돌아올 수 없는 먼 길을 바쁘게도 떠나버리신 아저씨, 천국으로 떠나시는 아저씨에게 작별 인사조차 나누지 못하는 자신이 한스러웠다. 늘어지고 낡아 버린 테이프를 포장지로 예쁘게 싸서 성당으로 달려가 연미사를 봉헌하고 가슴 시린 이별을 했다.

춘수로는 오촌이었지만, 내 사춘기의 또 다른 아버지였던 아저씨, 내 사춘기 시절을 걷어냈던 '즉흥 환상곡'은 친자식 이상으로 가슴이 저리도록 따듯하게 품어주시던 아저씨의 무한한 사랑의 언어였다. 자식을 낳고 살다 보니 남의 자식을 제 자식 키우듯 조건 없는 사랑을 베푼다는 게 참으로 힘이 들고, 불가능한 일이란 걸 뼈저리게 체험하고 나서야 뒤늦게 철이 들어 아저씨를 그리워하는 난 얼마나 어리석은 인간인지.

표현하지 않는 것은 사랑이 아니라고 했던가. 부끄러워 마음속에만 담고 살았던 깊은 감사의 마음을 이제야 독백처럼 뇌까려 본다.

'아저씨 정말 사랑합니다. 너무 늦은 고백 용서하세요. 천국에서 부디 편안하게 지내시길….'

"모처럼 아름답고 가슴 시린 사연이 날아들었습니다."

굵직한 DJ의 음성은 심연의 바다로부터 현실과 꿈을 오가 듯 몽환적인 느낌으로 심장에 밀착해 들어오고, 오선지에 그려진 악보들이 튕겨나가 숨 막힐 듯 아름다운 선율로 영혼을 두드린다. 카페 창밖엔 잿빛 어둠이 내려앉았다. 희뿌연 가로등 사이로 함박눈이 펑펑 쏟아진다.

2014년 계간 에세이문예 봄호 수록

뺑코와 오성이 아저씨

곳간채가 시끌벅적하다. 무슨 일인가 싶어 오남매가 쪼르르 달려가 보니 장정 서넛이 들어가도 될 만큼 커다란 쌀독 안을 들여다보며 어른들이 심각한 이야기를 하고 계셨다. 어른들은 바람이 났느니, 발정이 났느니 등등 초등생 어린 아이들에겐 도통 무슨 이야기인지 이해가 안 갔지만 누군가 도망갔다는 사실은 확실했다.

어릴 적 꽤나 부유한 집에서 잠깐이나마 호사를 누리며 살았던 적이 있었다. 동네에서 외따로 떨어진 우리 집은 기와지붕에 머슴들이 기거하는 사랑채까지 있었고, 집안엔 우물이 있었다. 우물 반은 집안으로 들어오게 하고, 반은 밖으로 나게 해서 동네 사람들이 우물을 길어 먹을 수 있게 두레박 두 개를 메달아 놓았다.

봄이면 울타리엔 노오란 매화꽃이 만발하고 탐스런 접시꽃과 밥풀 꽃이 뒤뜰을 가득 메우곤 했다. 한여름엔 사람의

키를 훌쩍 넘는 큰 키에, 널따란 잎사귀가 달린 정체 모를 나무에 아기 손가락만 한 열매가 다닥다닥 붙은 채 탐스럽게 열렸다. 늦가을이면 나무는 뿌리 채 뽑혀 풋내 나는 열매와 함께 땅 속 깊이 묻혔다가 봄이면 다시 모습을 드러내곤 했었다. 어릴 적에 그 기이한 열매의 정체를 모르다가 어른이 되어서야 '아하 그게 바나나 나무였구나.' 했다.

아버지, 속없이 사람 좋아하시고 정이 넘치다 못해 흐르셨던 아버지는 어려운 사람을 그냥 지나치는 법이 없으셨다. 하다못해 품바 아저씨들이 떼로 몰려다니면 먼발치에서도 소리치고 손짓해 부르시고는 식구들이 먹는 밥과 반찬을 그대로 차려주라 하셨다. 이런 아버지를 품바 아저씨들은 좋아하면서도 어려워했다. 나중에 들은 이야기지만 아버지의 영향으로 품바 생활을 접고 일상으로 복귀해서 자식을 챙기며 사는 일도 종종 있다 했다.

내가 초등학교 일학년 입학 무렵 사내아이 하나가 식구로 들어왔다. 나보다 대 여섯 살쯤 위로 보이는 사내아이는 유난히 콧날이 뾰족하고 말이 없었다. 옷소매로 코를 얼마나 닦았는지 소매 끝이 반들반들 윤이 났다. 아버지가 조치원 장터에 나가셨다가 음식점 쓰레기통을 뒤지는 사내아이를 발견하고 무턱대고 집으로 데려오셨단다. 오자마자 목욕물 데워 부엌에 목간통 들여 채우고 엄마에게 목욕을 해주라 이르셨다. 멀끔해진 사내아이는 제법 잘생겼고 뾰족한 코 때문에 오남매는 뺑코란 별명을 지어 주었다. 머슴으로 부린다고 데려오셨다지만 밥을 많이 먹고 게으르기가 느린 황소보다 더했다.

그 시절엔 누구나 이가 있었지만 뺑코에겐 유난히 이가 득실거려서 저녁이면 뺑코 옷을 벗겨 이를 잡는 게 울 엄니의 일거리였다. 뺑코 옷을 다듬잇돌 위에 얹어 방망이로 두들겨 어느 정도 이를 소탕하고 나면 솔기 안에 버글버글 박혀있는 서캐를 등잔불에 태우는데 서캐 터지는 소리가 여간 요란한 게 아니었다. 오남매 키우기도 버거운 울 엄니가 안쓰러워 엄니 옆에서 통통하게 영근 이를 잡아서 엄지손톱으로 눌러 압사를 시키기도 하고, 화롯불에 던지면 펑펑 소리를 내며 터졌다.

뺑코는 뭐 하나 제대로 할 줄 아는 게 없고 일을 돕기는 커녕 일거리를 더해주는 일들이 잦아졌다. 인정이 많아 그냥 지나침이 없으셨던 아버지는 그런 뺑코에게 글을 가르친다고 끼고 앉아서 천자문을 읽히시고 쓰게 하셨다.

어릴 적, 유난히도 병약했던 나는 학교 가는 일도 버거운 일중 하나였었고, 그런 내가 걱정스러운 아버지는 학교가 파할 쯤이면 뺑코를 시켜 내 가방을 받아오라 이르시곤 했다.

친구들과 어울려 집에 돌아오는 길엔 여지없이 뺑코가 나타났고, 그런 상황이 너무나 창피하고 싫어서 아카시아 나무 가지를 꺾어서 뺑코를 때리곤 했다. 아버지의 명령이 있었던지라 그런 나를 무시하고 가방을 빼앗아 후다닥 도망가는 뺑코를 잡으러 죽기 살기로 달려가면 뺑코는 혀를 쏙 내밀고 더 멀리 사라져버렸다.

뺑코가 가족이 되어갈 무렵 아버지께서는 조치원 읍내에 나가셨다가 삼촌이라며 오성이라는 아저씨를 데리고 오셨다. 민머리에 배는 불룩하고 불만 가득한 얼굴은 오만하기가 이를 데 없는 비호감 인상, 성이 같은 황씨라고 삼촌이란다. 그렇다고 확인할 길도 없어 아버지의 명이니 별 수 없이 한집에서 부딪히며 살 수밖에 없었다.

그런데 이 삼촌, 아니 이 아저씨는 하는 꼴이 가관이다. 굴러온 돌이 박힌 돌을 빼낸다고 울 엄니 시집살이를 시키는데 자기가 시동생이고 주인이었다. 그냥 있어도 진상인 얼굴에 반찬 투정을 하며 괜스레 우리들에게 신경질을 부릴 때면 아버지가 원망스럽기도 하고 그 찌그러진 얼굴을 발로 뻥 차서 날려버리고 싶을 때도 많았다. 단 한 번도 싫은 내색 없이 그 시집살이를 다 해내는 우리 엄니가 답답할 지경이었다. 더 웃기는 건 뺑코를 우리 가족보다 더 머슴처럼 부린다

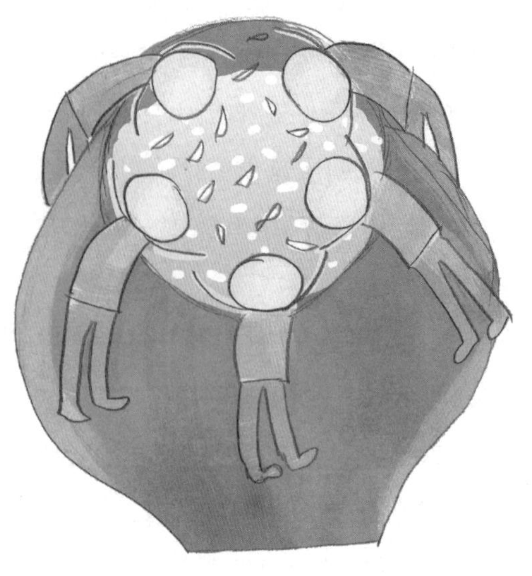

는 사실이었다.

사춘기에 접어든 빵코가 순순히 그 명을 따르지 않을 거란 건 자명한 일, 둘이서 티격태격 말싸움이 잦아졌고 빵코는 갑자기 사라졌다가 늦은 밤에 들어오는 날이 많아졌다. 번들거리는 빵코의 이마엔 여드름 딱지가 덕지덕지 붙어 제법 사내 모양이 갖추어져 가고 더불어 아버지의 불호령도 잦아졌다.

누가 그랬다. 빵코가 바람이 났다고. 조치원 읍내에서 여자랑 다니는 걸 봤단다. 곳간채에 저녁을 지으려고 쌀을 푸러 가신 엄니가 혼절할 듯 놀라셔서 아버지를 부르셨다. 쌀을 푸려고 조롱박을 쌀독에 집어넣는 순간 뭐가 푹 꺼지면서 삼태기 엎어 놓은 거랑 지푸라기가 쌀 대신 수북이 올라오더란다. 삼태기랑 지푸라기를 쌓고 그 위에 살짝 쌀을 덮어 교묘하게 위장을 한 빽코의 잔머리에 어른들이 혀를 내두르셨다. 쥐 죽은 듯 고요하고 깜깜한 시간에 어찌 그 많은 쌀을 퍼 날랐을까.

그 이후로 빽코는 온데 간데 소식이 없었고, 간간히 조치원 장터에 나타난다는 소식만 바람결에 듣곤 했다. 오성이 아저씨도 빽코가 가출한 이후로 무슨 일인지 조용해졌고, 식구들 눈치를 보며 집안일을 슬금슬금 돕기 시작했다. 새끼줄도 꼬고 지붕에 올라가서 기왓장도 손보고 소꼴도 베어오곤 하더니 어느 날 홀연히 사라졌다. 아버지에게 쌀 한 가마니를 달라 해서 읍내에 헤어져 살던 가족들에게로 돌아갔단다. 어느 정도 성장해서야 알게 된 이야기지만 오성이 아저씨는 빚 때문에 채권자들을 피해 숨어 살았던 거라 했다.

빽코도 오성이 아저씨도 떠난 그 해 겨울 밤, 지나가던 행인이 던진 담뱃불이 큰 마당에 쌓아 둔 짚 더미에 옮겨 붙어 불이 났다. 차가운 겨울바람을 타고 불은 미친 듯이 지붕으로 번져서 기왓장이 타닥타닥 튀는 소리를 내며 타들어 갔고, 온 동네 사람들이 꽁꽁 언 논을 삽이랑 곡괭이로 파 샘을 만들어, 겨우 불을 껐지만 후에 놀란 가슴이 병이 되어 아버지는 병석에 눕고 말았다.

불현듯 아버지가 편찮으시다는 소릴 어디서 주워들었는지 빽코가 나타났다. 포마드를 발라넘긴 머리엔 윤기가 자르르 흐르고 어설픈 신사복이 꽤나 멋져 보였다. 누워계신 아버지랑 한참을 도란도란 이야기하더니 엄니를 향해 넙죽 절을 하고는 다시 읍내 쪽으로 떠났다. 동태랑 선지 한 덩이가 검은 비닐에 담겨 부뚜막에 올라 앉아 있었다.

빽코가 바람처럼 훌쩍 다녀간 그날, 시리도록 차가운 겨울 하늘에 삭풍이 몰아치며 함박눈이 쏟아지기 시작했다. 담요를 뒤집어 쓴 채 마루 끝에 걸터앉으신 아버지는 상사병 걸린 사람처럼 동구 밖을 하염없이 바라보고 계셨다. 그 이후론 어디에서도 빽코의 소식을 듣지 못했다.

2013년 계간에세이문예 수필 공모전 당선작

연분홍빛 유혹

"이런 못된 놈의 문둥이들! 저리 못 가!"

고모할머니의 벼락 치듯 한 호통 소리에 놀라 잠이 깼다. 발바닥이 간지럽기도 하고 따끔거리기도 했지만 오수에 취한 자매들은 비몽사몽 정신을 못 차린다. 서둘러 자매들을 깨우시는 할머니, 눈을 비비고 일어나니 얼굴에 까만 천을 뒤집어 쓴 괴물 셋이 마당에 서 있었다. 할머니가 소리를 질러도 달아날 생각을 안 하는 괴물들의 얼굴엔 진물이 흐르고 코가 뭉개져서 바로 보기도 무서웠다.

손끝도 뭉툭하게 뭉개져서 형태를 알아보기도 힘들었고 망태자루 같은걸 둘러메었는데 자루 안에 어린아이가 있는 것 같다며 할머니가 긴 장대로 망태를 찌르려 하자 진물이 흐르는 손으로 제지했다. 할머니가 갈퀴를 찾아들고 동네사람들을 목청껏 부르자 그제서야 뒷산으로 어슬렁어슬렁 사라진다.

“아이고 내가 마침 친정에 왔으니 다행이지 저 어린것들이 큰일 날 뻔했다 얘.”

“무슨 일이여 고모?”

아버지의 물음에 놀란 가슴을 진정하지 못한 고모할머니는 우물가에서 찬물을 벌컥벌컥 들이키더니

“아니 그 못된 놈의 문둥이들이 사람 간을 빼먹으면 낫는다는 소문을 듣고 우리 애들 생간을 빼먹으려고 산에서 내려왔지 뭐니. 애들 끼고 낮잠을 자는데 하도 기분이 이상해서 눈을 뜨니까. 글쎄 바늘로 애들 발바닥을 찔러보고 간질이며 자는지 확인을 하는데 너무 무서워서 차는 척 하다 발로 냅다 걷어찼다. 마침 내가 왔으니 망정이지 애들만 있었으면 아이고 생각만 해도 끔찍하다 끔찍해. 애들만 두고 어디 가지 마라.”

그때 당시 문둥이들은 한겨울을 다 무너져가는 움막이나 토굴 같은 데서 숨어 살다가 진달래꽃이 만개하는 봄이 되면 종종 마을로 내려오곤 했는데, 양잿물로 만든 시커먼 빨래비누를 양식과 바꾸어 가기도 하고 동냥을 하기도 했다. 깨진 바가지를 들고 다니는 문둥이에게 맘씨 좋은 어른들은 가끔 마당에 멍석을 깔고 밥을 차려 주기도 했지만 대부분 사람들은 병이 옮을까 두려워, 내미는 바가지에 밥과 나물을 쏟아 부어 주곤 굵은 소금을 뿌리며 싸리문을 닫아걸었다.

지금은 시골이라 해도 청정지역이 아니면 나물이나 꽃을 함부로 채취하기가 조심스러울 만큼 오염이 되었지만 예전엔 꽃이든 나물이든 바로 채취해 먹어도 탈이 없을 정도로 깨끗했다. 종달새의 노랫소리가 하늘가득 울려 퍼지고 삼태기를 어깨에 둘러메고, 씨감자를 뿌리는 농부의 손길이 바빠질 때쯤 앞산 뒷산엔 진달래꽃이 흐드러졌다.

집집마다 진달래술을 담거나 화전을 만들어 먹느라 분주했고 조무래기들은 물론이고 동네처녀들은 진달래꽃이 지고 철쭉이 필 때까지 분주하게 뒷동산을 오르내렸다. 어른들은 어린아이들 혼자 떨어져서 진달래꽃을 따면 안 된다고 단단히 이르셨지만 지천으로 솟아난 산나물에 한눈을 팔다보면 무리지어 있던 일행들은 사방으로 흩어지게 되고 길을 보며 걷는 게 아니라 고개를 숙인 상태에서 산나물을 뜯기 때문에 종종 길을 잃기도 했다.

나른한 햇살이 감실거리면 댓돌 위의 강아지 졸음이 늘어지고 처마 밑에 앉아 병든 닭 모양 게슴츠레하게 감기는 눈을 치켜뜨며 애써 졸음을 쫓으시는 할머니들이 모여들고, 동네 꼬마들 뛰는 소리로 시끌벅적하다. 비석치기를 하며 놀던 꼬맹이 하나가 진달래꽃을 따러 가자며 앞산을 향해 냅다 달리기 시작한다. 자석에 이끌리듯 우르르 쫓아가는 꼬마들.

울긋불긋 연분홍빛으로 치장한 산허리엔 꼬맹이들의 재잘거림이 숨어들고 어느새 고사리에, 원추리에, 진달래꽃들이 야무진 손끝에 낚아채인다. 진달래꽃이 많은 곳엔 문둥이가 숨어있으니 조심하라던 어른들의 말이 생각날 리가 없는 꼬맹이들은 꽃과 나물에 정신이 팔려 제각각 흩어지는 줄도 모른다.

나도 어느새 친구들을 까맣게 잊어버리고 연분홍 꽃잎의 유혹에 빠져들었다. 바지 속에 찔러 넣은 웃옷은 꽃잎으로 점점 더 불룩해지고 지천으로 핀 고사리 순에 이끌려 걷다가 그만 길을 잃어버리고 말았다. 눈이 시큼할 정도로 맑은 햇살도 간간히 부는 바람도 반나절 이상을 돌아 앉아 서편 하늘로 돌아가고 묵직한 저녁 어스름이 산등성이로 내려앉고 있었다.

갑자기 누군가 꽃무더기 속으로 내 손을 잡아끌었다. 자지러질 듯 소리치는 내게 괜찮다고 괜찮다고 다급하게 외치는 소리, 집에 가서 먹을 걸 갖다 달라는 소리가 가물가물해지며 난 의식을 잃었다. 문둥이 아저씨였다. 흐릿한 기억 속의 아저씨는 코가 뭉개져 있었고 흉측한 몰골과는 다르게 목소리가 아주 인자했다.

얼마간의 시간이 흘렀을까. 산에서 죽었을 거라 생각했던 나는 우리 집 안방에 누워 아버지의 간호를 받고 있었다. 한

꺼번에 사라진 꼬마들을 찾아 그날 동네에서는 난리가 났었다고 했다.

"그 사람이 그런 병에 걸린 줄 누가 알았겠어. 워매 불쌍혀서 워쩐댜. 서울 가서 공부 잘하고 잘 사는 줄 알았더만 시상에나 쯧쯧."

"인물은 또 월매나 좋았어. 참말로 아까운 사람여."

"목소리는 하나도 안 변했더만. 목소리만 아니었으면 누군지 알지도 못했제. 몽둥이로 두들겨 패려는 걸 목소리 듣고 아차 했당께 참말로."

머리맡에서 두런거리는 사람들 소리, 엄마는 부엌에서 놀란 내게 먹이려고 보리수나무 줄기를 삶고 계셨다. 가뜩이나 문둥이에 대한 편견이 있던 차라 아저씨는 부랴부랴 헝겊으로 뭉개진 손을 감고 그 손으로 날 안고 산에서 내려오다 반 미치광이가 되어 동네사람들과 아이들을 찾으러 다니던 아버지에게 날 안겨주고 부리나케 떠났다고 했다. 문둥이 아저씨는 본래 우리 고향 사람이 아니고 시골 개척교회에서 전도를 하다 신학을 공부한다며 서울로 다시 올라갔었는데 인품이 여간 좋지가 않았다고 한다.

군대에 가서 다친 허리 때문에 늘 고생을 하던 아저씨는 돌팔이 의사 노릇을 하던 작은아버지의 시술로 어찌하여 병이 낫게 되고 그 이후로 아버지와 더 가까운 사이가 되었다고 했다. 서울로 떠난 후 줄곧 소식을 모르다 나병 환자가 되어 진달래 동산에 숨어 나타난 연유를 모르지만 고향 같은 우리 동네가 그립고 사람다운 사람들이 그리워서였을 거라 수군대는 사람들.

진달래꽃이 많은 곳에 문둥이가 있다는 이야기는 거짓이 아니었고 어린아이의 생간을 빼먹는 괴물은 더더욱 아니었다. 인정이 많으신 아버지가 그냥 있으실 리 없을 터, 세상과 스스로 격리되어 사는 문둥이 움막에 양식을 전해준 게 계기가 되어 가끔 누군지 모르는 문둥이 아저씨들이 집 근처에 오곤 했는데, 먼발치에 서 있다가 슬며시 마당에 양잿물로 만든 빨랫비누나, 참빗 같은 것을 두고 갔다.

그런 일이 있고 난 후 얼마 지나지 않아 아버지가 천둥 같은 소리를 지르시며 누군가에게 냅다 도리깨를 집어 던지셨다.

"이 못된 놈의 문둥이 같으니라고. 썩 꺼지지 못혀! 두 번 다시 우리 집 마당에 나타나기만 혀 봐. 이 도리깨로 등짝을 부러뜨려 놓고 말 테니께. 사람이 온정을 베풀면 고마운 걸 알아야지 어디서 감히 우리 딸을 해코지하려고."

그때 당시 초등생이었던 언니가 마당에서 혼자 놀고 있는데 문둥이 세 명이 산에서 내려와 낫을 들고 언니한테 가는 걸 마침 아버지가 보시고 다급한 마음에 도리깨를 집어 던진 것이다. 그 낫의 용도가 무엇이었는지는 몰라도 1960년대 부모들은 나병에 대해 무지했던 시절이라 어린아이의 생간을 빼먹으면 문둥병이 낫는다는 속설을 믿고 있어 문둥이와 마주하는 것을 몹시도 꺼려했고 두려워했다.

'어린아이를 납치하거나 유괴해 배를 가르고 손으로 간을 빼먹고 나병이 나았다더라.'라는 흉흉한 소문도 많이 떠돌던 시절이었기에 아버지가 자식을 지키기 위해 던진 도리깨가 초능력을 발휘한 것이다. 나병 환자가 2만명을 넘어서고 사회적 편견이 깊어질 때 육영수 여사가 소록도를 방문해 나병 환자의 손을 덥석 잡는 장면이 신문에 대서특필되면서 사회적 인식이 많이 누그러지기 시작했다.

가끔씩 마당 먼발치에 나타나던 문둥이들도 언제부터인지 자취를 감추었고, 흐드러지게 핀 연분홍빛 진달래꽃잎엔 왠지 모를 서러움과, 연민이 함께 피어났다. 그들이 기거하던 움막이 허물어지며 봄날의 두려움도 아련하게 잊혀져갔다.

문둥병을 고치러 가는 길에 쓴 한하운 시인의 '전라도 길'엔 발가락이 떨어져 나가는 걸 마치 딱지 떨어지듯 태연하게 표현을 한다. 너무 태연함이 되레 서럽고도 슬프게 느껴지는 건 인간 세상과 격리되어 제대로 꽃피워 보지도 못한 채 한

많은 생을 살다간 아름다운 영혼들의 넋두리 같아서일까. 내 어린 날의 악몽 같은 추억은 침묵했던 그들에겐 고독하고 한스런 통증의 굴레였을 터이다.

전라도 길

한 하 운

가도 가도 붉은 황톳길
숨 막히는 더위뿐이더라

낯선 친구 만나면
우리들 문둥이끼리 반갑다
천안 삼거리를 지나도
수세미 같은 해는 서산에 남는데

가도 가도 붉은 황톳길
숨 막히는 더위 속으로 절름거리며
가는 길

신을 벗으면
버드나무 밑에서 지까다비를 벗으면
발가락이 또 한 개 없다

앞으로 남은 두 개의 발가락이 잘릴 때까지
가도 가도 천리, 먼 전라도길

아버지의 꽃지게

찬바람을 일으키며 왼쪽 볼이 에이는 것 같은 통증과 함께 눈에서 불꽃이 튀며 난 그대로 바닥으로 나뒹굴었다. 장난으로도 이놈 소리 한번 안 하시고, 엉덩이 한번 안 때리며 애지중지 키워주신 아버지. 그런 아버지의 따귀는 분노였고, 배신이었고, 슬픔이었다. 너무 놀라 울지도 못하고 한참을 넋 나간 듯한 모습으로 앉아 있는 날 끌어안으시는 엄마, 겨울밤은 유난히 모질고 차갑기만 한데 무심한 하늘은 별빛을 쏟아내고 있다. 격랑을 만난 듯 등 언저리가 심하게 요동을 치며 목울대가 끓어오르기 시작한다.

날이 선 칼로 살점을 도려내듯 가슴을 파고드는 극심한 통증은 삭풍이 부는 겨울 거리로 날 내몰았다. 맨발로 뛰쳐나와 가슴을 쥐어뜯으며 우는 내 등 뒤에 아버지가 서 계셨다. 아버지의 손엔 나의 여고 합격 통지서가 들려 있었다.

나의 아버지, 유복한 집의 큰아들로 온실 속 화초처럼 성장하다 느닷없이 열아홉에 조실부모하여 유산을 물려받으면서 아버지의 인생은 거친 파도를 타기 시작했다. 한 번도 뵌 적이 없는 할아버지는 청심환을 조제하여 팔아 돈을 모으셨고 글방 선생님으로 존경을 받으시던 분이었다고 한다.

병약한 아버지를 너무 사랑하신 나머지 금이야 옥이야 당신 품에만 끼고 사셨고 자식 사랑이 도가 지나쳐 학교를 보내지 않으셨단다. 늘 배움에 목마르신 아버지는 초등학교를 졸업하신 후 독학으로 일본어를 배우시고, 한자를 통달하셔서 동네 사람들의 편지를 읽어 주시거나, 지방을 써주시고 족보를 만드는 일에 관여하셨다. 어린 나이지만 동네 큰일은 아버지가 없으면 안 될 정도로 매사에 아버지와 함께 의논을 하곤 했다.

배움에 대한 열망이 원망으로 변하여 노름에 손을 대기 시작하셨고, 물려받은 유산을 보고 노름꾼들이 어디서 소식을 들었는지, 천 리 길을 마다 않고 달려와 아버지 유산을 흡입하기 시작했다. 앞마당에 우물이 있고 사랑채엔 머슴들이 기거할 정도로 커다란 집에서 살던 가족들은 어느 날부터 우마차를 타고 이사를 하기 시작했다.

뒤란엔 아버지의 술병이 늘어 갔고, 엄마는 남의 밭으로 논으로 품앗이를 다니며 오남매의 생명줄을 이어가셨다. 수시로 집을 비우는 아버지를 찾기 위해 오빠랑, 엄마는 조치원 읍내를 이 잡듯 뒤지고 다니셨고, 그런 자신의 모습을 감추기 위해 아버지는 더욱 깊숙이 숨어들었다.

선천적으로 허약하게 태어난 덕인지 난 늘 아버지 옆구리 차지였다. 마실 가실 때도, 들일 가실 때, 심지어 주막에 가실 때도 꼭 나를 데리고 다니셔서 엄마의 원성을 듣곤 했다. 어릴 적, 우리 동네엔 황순원의 '소나기'에 나오는 풍경과 비슷한 개울이 있었고, 징검다리를 따라 건너면 반대편엔 끝없이 이어진 밤나무 과수원과 오두막집이 자리하고 있었다.

언 땅을 간질이며 새싹이 뾰족 고개를 내밀면 동면했던 개구리들이 튕겨 오르고 따사로운 햇살이 등에 업힌다. 그런 날엔 개울가 징검다리에 앉아 물고기들을 구경했다. 내장이 훤히 들여다보일 정도로 몸통이 투명한 피라미들이 무지갯빛 지느러미를 흔들며 헤엄치는 모습에 취해 있을 즈음에 지게를 지고 아버지가 나타나셨다. 봄바람에 형형색색 아름다운 꽃잎들이 꽃비가 되어 쏟아지는 길을 걷는 아버지 뒤를 따라가다 보면, 아버지는 정작 자신의 할 일은 관심이 없고 병약한 딸 좋아하는 봄꽃들을 한가득 꺾어 꽃지게를 만드셨다. 연분홍 꽃잎과 눈송이처럼 하얀 꽃잎들 사이에 나를 앉히신다. 삼단 같은 머리를 땋아 빨간 댕기를 드리운 내가 아버지 꽃지게에 얹혀 과수원 길을 내려올 때면 불알 달린 사내아이들이 어디서 나타났는지 내 이름을 부르다 숨어버리고 다시 나타나 또 이름을 부른다. 아버지 걸어가실 길 앞에 꽃잎을 따서 뿌리는 사내아이들을 보며 허허 웃으시는 아버지.

"어허 고놈들 참, 우리 딸이 예쁘기는 한 모양이구나."

초등학교에 입학한 나는 학교 가는 일조차 버거운 날들이 많아서 아버지의 등에 업혀 가거나 소사 아저씨의 등에 업혀 가는 날이 많았다. 나는 병약하면서도 우등상 한번 놓치지 않았다. 예전에 시골에선 상장을 받아 올 때마다 그 상장으로 벽을 도배하곤 했었는데 아버지 역시 예외는 아니셨다. 초등학교 4학년 땐 충청북도 반공 글짓기 대회에서 대상을 차지하자 아버지는, 날 자전거에 태워 읍내로 나가 만두랑, 자장면을 사주시며 시장 사람들에게 자랑을 하셨다.

자장면 맛을 본 후로 몸이 아프다는 핑계로 아버지 자전거에 매달려 툭하면 읍내로 나갔고 그 당시에도 몸이 약하다는 내게 아버지는 해삼을 많이도 사 먹이셨다. 딱 보기에 미끌미끌하고, 꿈틀대는 모습이 징그러워 질색을 했던 난 쫀득하고 쌉쌀하면서 식감이 좋은 해삼의 맛을 알게 되었고, 지금까지도 해삼을 정말 많이 좋아한다.

반면 아버지는 이런 모습과 확연히 다른 세상에도 사셨다. 중독처럼 노름이 계속되었고, 초저녁이면 노름꾼들은 우리 집 대문을 서성이며 저승사자 같은 목소리로 아버지를 부르곤 했다. 아버지는 더 이상 노름을 하지 않겠다고 식구들에게 맹세를 하며 문고리를 닫아걸고, 귀를 막았지만 안방 문고리를 흔들며 '딱! 한번만 하세. 이보게 이번 한번만일세.'라며 새벽까지 꼬드기는 귀신같은 인간들의 유혹을 뿌리치지 못하고 문고리를 번번이 푸셨다.

우리 집 재산은 눈 녹듯 빠른 속도로 줄어들기 시작했고, 반면 소작농을 하던 동네 사람들의 재산은 하나둘 늘어가며, 본래 우리 땅이었던 그 자리에서 엄마는 품앗이를 하셨다. 몸도 맘도 이미 수렁으로 빠져버린 아버지는 읍내에 머무는 기간이 점점 늘어났다. 그러던 어느 봄날 신작로를 향해 달려 나가는 사람들, 어우동 모양 머리를 틀어 올리고 요상하게 생긴 한복을 입고 엉덩이를 심하게 씰룩이며 한 여인이 걸어오고 있었다.

'누구랴? 글씨? 아니 어디서 저런 요물이 여그까지 왔댜?'

다들 궁금해 미치는 사람들 사이를 비집고 그 여인이 우리 집 싸리문을 밀고 들어오더니 툇마루에 앉는 게 아닌가. 어린 마음에도 아버지를 찾아온 것 같은 느낌에 속에서 천불이 났다. 마침 엄마는 남의 집 밭일을 가셔서 다행이다 싶었고, 아버지가 누워 계시는 안방으로 들어가는 그 여인에게

"들어가지 말란 말야~~~!"라고

소리를 지르며 갈퀴를 찾아 들고 그 여인을 향해 냅다 던졌다.

"나가! 나가! 나가라구."

서슬 퍼렇게 달려드는 어린 꼬맹이를 보고 만만하게 생각하다 놀랐는지 신발도 못 신고 도망간다. 그래도 분이 안 풀려서 달려가 치마 자락을 잡아당겼다. 순하디 순하기만 한 나의 돌발적인 행동을 보고 동네 어른들이 눈물을 글썽였다.

"효녀일세. 저 어린 것이 효녀일세."

읍내에 첩을 둔 줄 알고 격분했던 가족들은 병점에 사는 아저씨께 들어서 나중에야 안 일이지만 조치원 노름꾼들이 한동안 노름방에 안 나오는 아버지를 그렇게라도 꼬드기려 했다는 것이다. 그 요물이 나중에 평범한 옷차림으로 찾아와 정식으로 사과를 하고 돌아갔다. 어린 꼬맹이가 가족을 아니 아버지를 지키려는 처절한 몸짓이 눈에 어려 한동안 괴로워 견딜 수가 없었다고 했다. 그 이후로 아버진 충격을 받으셨는지 더 이상 노름방 출입을 안 하셨고, 거덜 난 재산에 노름 밑천은커녕 아버지 약값을 대기도 버거운 상황이 되었다.

그 당시 아버지는 마음을 잡고 일을 해보시겠다고 동네 묘포 밭에서 십장으로 일을 하셨는데, 나무 베는 일을 돕다 허리를 다쳐 몸져눕게 되고, 당신 몸 하나 거두기 힘들 정도로 건강이 급속도로 악화되셨다. 엄마 고생시킨다고 원망하며 살가웠던 사이를 거부하고 아버지를 멀리하는 나를 다독이던 아버지는, 몇 해의 봄을 넘기고 병색이 흐려질 무렵 불현듯 서울로 일을 하러 간다며 채비를 하셨다.

"아버지 서울로 일하러 갈 테니까 엄마 많이 도와드려야 한다. 세상에서 너희 엄마가 제일 불쌍하구나. 못난 애비 만나서."

병든 아버지인데 일하러 가신다는 그 한마디가 너무 행복해 모처럼 환하게 웃는 철없는 내 등을 토닥이며 싸리문을 나서신다. 간곡히 말리는 엄마를 향해 머쓱하게 웃으며 덕고개(고향 고개이름)를 넘는 아버지의 뒷모습이 눈에 밟혀 가족들은 한동안 가슴앓이를 해야 했다. 처음으로 아버지가 편지와 함께 생활비를 부쳐 오던 날 가족들의 행복감은 그 무엇과도 견줄 수 없었다. 그렇게 보내오던 아버지의 생활비는 서너 달을 넘기지 못하고 허리병이 심해지고 간경화 증세까지 겹치며 더 이상 일을 할 수 없는 상태로 귀향하셨다. 아버지 병간호하랴 자식들 뒷바라지하랴 눈 뜨고 보기 힘들 정도로 고생하시는 엄마가 안쓰럽고 미안한 마음을 불같은 화로 대신하는 아버지가 도무지 이해가 안 되었다.

병석에서 부는 아버지의 대금소리와 하모니카 가락이 점점 구슬퍼지고 있었다. 거듭되는 생사의 길을 애간장을 끊이며 지켜보시는 엄마, 집안 형편은 급속히 기울고 고등학교 진학 문제로 아버지는 날 여러 번 달래셨다. 엄마가 고생하시는 걸 더 이상 눈뜨고 보기 힘드셨던 아버지는 1년만 미루었다 여고에 가는 건 어떠냐며 달래셨지만 난 학교에 못 가느니 차라리 강물에 빠져 죽겠다며 보내만 주면 장학금을 타서 다니겠노라고 눈물로 애원했다. 인문계 고교에 입학해서 대학진학을 꿈꾸었던 난 더 이상은 무리다 싶어 실업계 고교 압학 시험을 쳤고 합격 통지서를 받아든 것이다.

능력도 없고 가족을 위해서 그 무엇도 해줄 수 없었던 아버지는 엄마에 대한 미안함 자식들 뒷바라지를 못 하는 미안함을 담아, 한겨울 모진 바람이 부는 밤에 울면서 내 따귀를 갈긴 것이다. 마당 한켠에 서있는 감나무 끝에 삭풍이 스친다. 맨발로 뛰쳐나온 난 그대로 감나무에 등을 의지한 채 주저앉아 버렸다. 발이 시린 것도 추운 것도 느껴지지 않는다. 내 기억이 자꾸 어디론가 달려간다.

"우리 딸 너무 이쁘쥬?"

우마차에 태운 채 연신 내 볼에 뽀뽀를 하는 아버지,

"이거 우리 딸만 먹어라. 자 자 일어나라 식구들 깨니까 조용히 하고 요건 사과, 요건 빵, 요건 우유."

"우리 딸 자장면 사줄까? 아버지랑 조치원 읍내에 가자. 옳지. 뒤에 타면 아버지가 안보이니까 앞에 타자. 자 달린다."

"야 이 사람들아 우리 딸처럼 예쁘고 공부 잘하는 딸 있음 나와 보라 그래. 그래 나 팔불출이다. 여기 오늘도 상 타 왔다 허허허."

"아버지 돈 벌러 갈 테니까 엄마한테 잘해 드려라. 돈 많이 벌어서 우리 딸 맛있는 것도 사주고 서울 구경도 가자."

커다란 손이 들썩이는 내 등 뒤에 얹혀 온다. 정수리를 향해 '툭' 떨어지는 눈물은 뇌와 심장에 비수처럼 꽂힌다.

'아버지 미안해. 그래도 난 학교에 가야겠어. 내가 벌면 되잖아. 아니 장학금 타면 되잖아. 그 대신 대학까지는 내가 욕심을 안 부릴게. 미안해 아버지. 그리고 돈 벌어서 아버지가 잃어버린 땅 내가 다 사줄게.'

차가운 겨울밤, 늦도록 별을 쏟아내는 하늘…. 사랑방 문 창호지에 앉아 계시는 아버지의 그림자가 늦은 시각까지 비치더니 창자가 다 끊어져 나가는 것 같은 슬픈 가락의 대금소리가 밤이 지새도록 이어졌다.

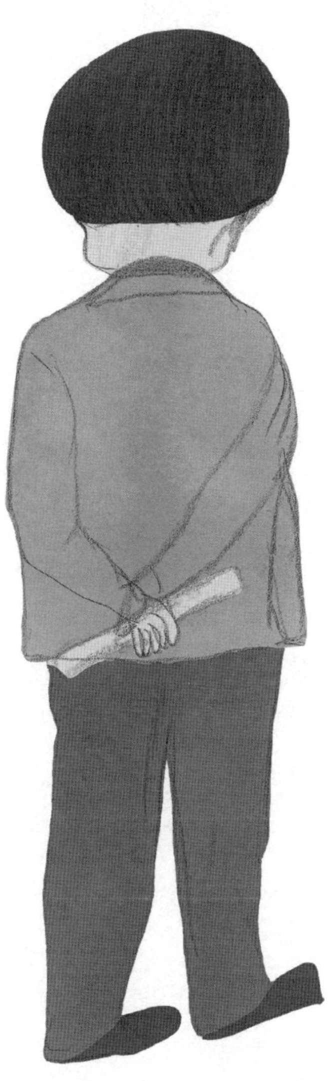

누구지?

칠흑 같은 어둠, 북두칠성만이 까만 밤하늘을 비추고 있다. 통통 불은 오줌보를 누르며 일어난 자매는 창호지가 덧발라진 문에 비친 그림자를 보고 소스라치게 놀란다. 지게를 지고 휘적휘적 안마당을 지나 싸리문을 열고 나가는 건 분명 귀신이다. 어제 밤에 오빠가 들려 준 귀신 이야기가 생각이 난 자매는 이불을 뒤집어쓴다. 불까지 끄고 들려주는 오빠의 옛날 이야기는 공포의 절정을 달렸다.

"몽달귀신 계란귀신 처녀귀신 다 출동시키고 마지막에 사람이 죽으면 관에 들어가는데 죽은 사람 집 아궁이에 고양이가 들어가면 어떻게 될까~ 아아~~~"

목소리까지 떨며 자매들을 긴장시키던 오빠는 갑자기 큰 소리로

"송장이 벌떡 일어나서~ 어어~ 이렇게 거꾸로 걷는대."

"아아악 그만해 오빠 무서워."

울고불고 난리를 치면서도 다음날이면 또 옛날이야기를 해달라고 떼를 쓴다. 어디서 그렇게 이야기가 술술 나오는지 신통할 지경이다. 공포심에 방안에 들여 논 요강에도 못 앉고 터질 것만 같은 오줌보를 누르며 소변을 참다보니 자매들은 종종 오줌소태에 걸려 옥수수수염 달인 물을 마시곤 했다.

오남매에 병든 아버지를 수발하는 엄마는 낮엔 이집 저집 품앗이에 바쁘면서도 인상 한번 쓰는 법이 없었다. 큰며느리는 하늘이 낸다는 말이 맞나보다. 그 힘든 총중에도 고모랑 작은엄마는 수시로 사촌들을 우리 집에 떠맡기곤 했는데 어린 마음에 엄마를 모진 고생 시키는 게 얄미운 생각이 들어 퉁퉁거리면 그러는 거 아니라며 타이르셨다.

사촌들이 귀엽기는 했지만 하루에도 몇 벌씩 옷을 벗어 놓으니 엄마의 일거리는 산더미 같았다. 몸이 부서져라 일하고 돌아오셔서 한숨 돌릴 사이도 없이 밤만 되면 엄마를 찾는 사촌들을 등에 업고 토닥였다. 일손 덜어드릴 맘에 엄마 오시기 전에 사촌들을 재워보려고 어린 자매들이 잔등을 들이대면 울고불고 떼를 쓰니 일복이 많으신 엄마 신세만 고역스러웠다. 며칠만 있는 게 아니라 어느 때엔 한 달, 아니 철 바뀔 때까지 동거를 하다 보니 하루하루 벌어먹고 사는 처지까지 전락한 울 집안 사정으로는 끼니 때우는 것조차 여간 난

감한 일이 아니었다.

도통 뭘 드시는 걸 본 적이 없는 것 같은데 엄마는 늘 많이 먹어 배부르다 하셨고 자식들 밥숟가락 입에 넣을 때마다 복스럽게 먹어 잘 살 거라며 덕담을 하셨다. 없는 집에 계란이라도 팔 생각에 키우던 닭 모가지 비틀어 누워계신 아버지를 위해 닭곰탕을 끓여 드리고, 쪽잠 잠깐 주무시고 새벽에 다시 일을 나가셨다. 닭장엔 날다마 닭들이 줄어갔다. 무모할 정도로 자식에 대한 헌신적인 사랑은 감히 누구도 흉내 내지 못 할 일이었다. 주변에 대한 배려도 지나칠 정도여서 어느 땐 엄마가 바보가 아닌가 싶은 생각이 들기도 했다.

명절날이 되면 작은집 식구들이 서울에서 내려오는데 이상하게도 작은엄마는 집에 오기만 하면 안방 아랫목을 차지하고 잠 귀신 붙은 것 모양 잠을 자고, 자고, 또 잤다. 엄마가 솥뚜껑 뒤집어 굵은 소금을 뿌리고, 들기름을 발라 지푸라기로 쓱쓱 닦아 윤을 내 번들거리는 뚜껑에 밀가루 전을 부쳐 내면 부스스 일어나 몇 조각 먹고 또 쓰러져 잠이 들었다. 작은엄마의 잠은 어린 내겐 이해하기 어려운 일이었다.

언젠가 추석날 아침이었나 보다. 제사상 차리느라 혼자서 분주한 엄마를 도와 잔심부름을 하다 상이 다 차려지도록 안방 아랫목에서 잠을 자는 작은엄마를 보니 어린 마음에도 기가 막혔다. 더구나 아픈 아버지도 일어나 과일을 다듬고 제기를 닦으시는데, 코까지 골며 잠든 작은 엄마에게 심지어 엄마는 이불까지 덮어주셨다. 난 송편을 찌고 남은 솔가지를 모아 작은엄마 손등을 콕콕 찔렀다.

"작은엄마 일어나 빨리. 왜 우리 엄마만 일 시켜? 빨리 일어나."

따끔한 통증에 게슴츠레 눈을 떴다 다시 감는다. 어린 딸의 소행을 본 엄마는

"아이고 아가 그러는 거 아녀. 작은엄마 서울에서 일 많이 해서 피곤해서 자는 건데 더 자게 내버려 둬 얼른."

작은엄마에게 지병이 있었고 공장을 다녀 그리도 피곤해 했다는 걸 나중에야 알았다. 엄마는 도대체 천하장사도 아니고 일 년에 대여섯 번이나 있는 제사에, 추석에, 설에, 없는 집 제사상 차리다 망한다더니 조카들 뒤치다꺼리까지 하면서도 힘들단 내색은커녕 웃는 얼굴로 모든 일을 소명처럼 받아들였다.

농번기가 끝나고 한겨울이 찾아오면 엄마 손엔 부업이 떠날 날이 없었는데 해외로 수출하는 바구니를 밤을 새워 엮었다. 오남매는 엄마 옆에 쭈그리고 앉아 바구니 만드는 걸 바라보다 잠이 들곤 했는데 오남매를 먹여 살리기 위한 엄마의

손놀림은 신들린 듯했다.

목구멍이 포도청이던 시절이라 돈 되는 일이라면 남자들만이 하는 험한 일도 마다 않고 몸이 부서져라 일을 하는 엄마를 도와 자매들은 조막만한 손으로 밥도 지어보고 설거지도 하고 조물조물 빨래도 했지만 시집가면 실컷 하는 일이라며 힘들게 살지 않으려면 공부나 열심히 하라셨다.

예전에 시골엔 엄청나게 쥐가 많았다. 천정에서 우다다닥 뛰어다니던 쥐들은 뚫어진 천정 틈을 잘못 건너다 오남매 자는 얼굴로 떨어지기도 했다. 번식력은 어찌나 강한지 쥐구멍 안엔 마알간 생쥐들이 바글바글했고 지푸라기 뭉쳐서 쥐구멍 막으면 용케 다른 곳을 뚫고 나왔다. 부엌에서 빼꼼, 방구석에서 빼꼼, 주둥이를 오물거리며 사방을 탐색하는 쥐와 눈이라도 마주치면 온몸에 소름이 돋았다. 쥐잡기 운동이 시작되었고 쥐 잡는다고 쥐약 발라 헛간이나 변소에 놓아둔 미끼를 개나 고양이들이 먹고 죽는 일은 흔했고 가끔씩 밀가루로 잘못 알고 부침개를 부쳐 먹고 읍내 병원에 실려가 위세척을 하는 사람도, 또 더러는 죽는 사람도 있었다. 쥐약을 둘러싼 사고들이 끊이지 않자 끈끈이가 나왔는데, 여기에 달라붙어 죽어가는 쥐의 눈은 더더욱 소름이 끼쳤다.

“새벽종이 울렸네. 새아침이 밝았네. 너도나도 일어나 새

마을을 가꾸세."

찢어지게 가난한 시골마을에 새마을 운동이 시작되었고 유랑극단이 찾아 들었다. 농사가 끝난 겨울 논배미에 천막을 치고 악사와 배우를 들여 시골 사람들을 불러 모았다. 십리 길을 마다않고 사람들이 몰려들었고 유랑극단은 쥐 가죽을 사들였다. 정부에서는 독일에 쥐 가죽을 수출한다고 했다. 가죽 개수나 크기를 보고 바가지나 빨래비누로 바꾸어 주기도 하고 양이 많으면 돈으로도 바꿔 주었다. 더럽고 지저분한 쥐들이 생계 수단으로 탈바꿈하기 시작했다.

쥐 가죽을 가져오는 사람들도 천태만상이었다. 인두로 살짝 다려서 최대한 크게 늘려서 가져와 생떼를 쓰면 극단 주는 용케 알고 잔머리를 쓰지 말라면서도 못 이기는 척 넘어가 줬다.

가족을 위해서라면 어떤 험한 일도 마다하지 않으시던 엄마는 눈앞에 돈이 보이는데도 동동거리기만 할 뿐 차마 쥐 가죽 벗기는 일은 못하겠는지 죽은 쥐꼬리를 잡아보기도 전에 기겁을 하셨다. 병석에 누워 아무런 도움이 되지 못하던 아버지는 그나마 할 일이 생기셨다 생각하셨는지 쥐 가죽을 벗겨 깨끗이 손질해 엄마 손에 들려 주셨다. 유랑극단이 오는 날만 눈이 빠져라 기다리던 오남매와 엄마는 쥐 가죽과 바꾼

생필품을 어루만지며 '이수일과 심순애'를 연출하는 연사의 목소리에 빠져들었다.

겨울이 지나고 유랑극단도 떠났다. 유랑극단이 머문 자리에 봄이 찾아오고 우리 집에 낯선 손님 한분이 찾아왔다. 검은색 두루마기를 걸쳐 입은 반백의 노인, 자신이 엄마의 외삼촌이라며 안방을 차지한다. 외삼촌이 있다는 것조차 모르셨던 엄마는 다짜고짜 반말을 하며 호령을 하는 노인에게 큰절을 올리고 없는 살림에 정성껏 밥을 차려내셨다. 하루 이틀 사흘, 열흘, 한 달, 석 달, 도대체 이 노인은 무슨 배짱으로 안방을 차지하고 삼시세끼 밥상을 받아내며 엄마에게 호된 시집살이를 시키는가. 빈대처럼 눌러 붙어서는 도통 떠날 기미를 보이지 않는다. 보다 못한 외삼촌이 집에 오셨다.

"우리 외삼촌이란 증거를 대셔유. 외삼촌이 있다는 말을 들은 적이 없는디 으르신(어르신)은 누구신디 우리 누이한테 빌붙어서 이러시는 거여유? 이제 그만 가셔유. 아무리 외삼촌 할아버지라고 해도 그렇지 안방 차지하고 누워서 뭐하는 짓이여유."

"그리고 누이도 참 답답하네유. 진짜로 외삼촌이라고 해도 그렇지 하루세끼 먹고 살기도 힘든 시절에 도대체 왜 이러는 거여유."

“매형이라도 쫓아 내셨어야쥬. 진짜 외삼촌이라면 조카딸에게 저렇게 빌붙어 살겄슈.”

“이 사람아 처외삼촌이라는데 내가 그럼 어쩌나.”

쌀가마니를 내던지며 고래고래 소리를 지르는 외삼촌을 보고 더 이상은 안 되겠다 싶었는지 노인은 두루마기를 걸쳐입고 안마당에 ‘퉤’하고 침을 뱉고 ‘고얀 놈’이라고 욕을 하며 사라진다. 남을 의심 할 줄 모르고 마음을 다해 어른을 섬기던 엄마의 모습은 화가 날 정도였다. 일면식도 없던 그 뻔뻔한 노인의 정체가 도대체 뭐였을까.

점점 더 어둠이 깊어지는 겨울밤, 스산한 바람소리, 오줌보가 터지기 직전에 요강에 볼일을 보고 나서야 자매들은 곯아떨어진다. 문득 차가운 기운이 이불을 스치고 몸을 뒤척이며 앓는 소리에 오남매가 일어나 앉았다. 엄마다. 애써 웃으며 괜찮다고 하시는 엄마 이마엔 불덩이가 올라앉았다. 시뻘겋게 터진 엄마의 손등엔 거북이가 기어 다니고 무쇠인 줄 알았던 엄마는 이렇게 쓰러졌다.

오남매가 싸리문을 박차고 울면서 희옥이네 할머니 사랑방문을 두드린다. 북풍한설 몰아치는 겨울밤 추위가 살을 에는데 칠흑 속에 서 있는 오남매를 황망한 얼굴로 바라보시던 할머니가 우리 집으로 뛰어 오셨다.

무슨 약인지 모르는 약을 엄마 입에 털어 넣으시고 물수건으로 밤새 온몸을 닦아내시니 엄마 얼굴에 화색이 돈다. '쯧쯧' 혀를 차시는 할머니,

"동네 사람들한테 도와 달라고 하면 될 것을 그게 뭐 그리 어려운 일이라고 한겨울 추위에 똥통을 지어 날랐을꼬. 땅도 얼었을 틴디. 언 땅을 파느라 죽을 고생을 했구먼 시상에. 자존심도 세울 데 세워야지 딱한 사람아."

마당엔 똥지게랑 삽이랑 곡괭이가 엎어져 있었다. 창호지에 비친 귀신은 몸져누우신 아버지를 대신해 누가 볼세라 한겨울 칠흑 같은 어둠을 뚫고 밤새 똥지게를 지어 나르신 엄마였다. 희옥이네 할머니께 행여 아버지나 자식들에게 누가 될까 싶어 아무에게도 말하지 말아 달라고 신신당부를 하셨다.

가뜩이나 일찍 철이 든 오빠는 날이 풀리자 겨우내 쌓인 인분을 퍼 올려 엄마 대신 똥지게를 짊어졌다. 코를 틀어쥔 어린 남매들은 오빠 따라 엄마 일손을 덜고 있다는 생각에 깔깔거리며 여기저기 파진 구덩이에 인분을 쏟아 붓는다.

팔순이 다 되신 엄마, 한겨울 칠흑 같은 어둠 속에 남몰래 똥지게를 나르시던 젊은 엄마의 모습은 당신의 자존심을 지키려하기 보다 병든 아버지와 오남매의 자존심을 지켜주기 위한 숭고한 몸짓이었다. 내 한 몸 부서져도 내 새끼, 내 남편을 지킬 수만 있다면 엄마에겐 그 자체가 행복이 아니었을까. 여전히 그 지독한 맹목적인 사랑을 버리지 못한 엄마의 내리사랑은 누구도 흉내 낼 수 없는 지고지순한 신앙처럼도 여겨진다. 나도 아이 둘을 가진 엄마지만 내 엄마가 짊어지신 똥지게는커녕 흘러가는 세월의 지게도 버겁기만 하다.

바우와 꽃상여

애달픈 상여꾼 소리와 요령 소리가 가슴 서늘한 슬픔을 품은 채 멀리서 울려 퍼지고 있다.

"간다, 간다, 나는 간다. 이 세상을 하직하고 북망산천 돌아갈 적에 어이없어 돌아갈 제… 대문 밖이 저승일세. 어 어 어 어 헤 에 허 야."

동네 꼬마들은 어느새 부지깽이나 나무지팡이를 짚고 상여꾼들 소리를 따라 하며 상여 뒤를 쫓고 있다. 딸랑딸랑 요령소리가 바람을 타고 멀리멀리 구슬프게 메아리친다. 만가를 선창하는 상섭이 아버지의 목소리가 어찌나 서글프던지 북망산천 넘어가는 망자의 무거운 발걸음을 닮은 듯했다. 오색빛 찬란한 만장이 바람에 나부낀다. 화려한 꽃상여에 누워 있는 바보 이야기를 하며 동네사람들은 쯧쯧 혀를 찬다. 상여가 지나가는 골목 어귀에 몰려서서 눈물을 훔치고 있다.

"불쌍해서 어찌하누."

내가 다니는 초등학교는 꽤나 먼 곳에 있었다. 그때 당시 기억으로는 한 시간 이상 족히 걸렸던 것 같다. 학교가 파하고 집에 오는 길엔 논두렁 밭두렁이 정겹게 누워있고 그 길을 지나 야트막한 산자락을 휘감아 돌아 나오면 개울물이 보였다. 개울물을 따라 걷다 보면 동네에서 한참이나 떨어진 외진 곳에 상여 집이 있었다. 한쪽은 기울어지고 볏짚에다 황토를 섞어 바른 벽이 구멍이 나서 음산하기 그지없는 흉한 모습이었다. 상여 집을 지날 때면 누군가가 목덜미를 잡아채는 것 같아 누가 먼저라 할 것도 없이 혼비백산 괴성을 지르며 걸음아 날 살려라 하고 도망을 쳤다. 도망치다 보면 눈물 콧물 뒤범벅이 되고 고무신은 벗겨져 도망가고 난리도 아니었다.

상여 집은 그림동화 같은 기억들 속에 자리 잡고 있는 한 편의 무서운 동화였다. 밤마다 상여 집에선 곡소리와 함께 귀신이 물동이를 짊어지고 산으로 개울물을 퍼다 나른다는 소문이 파다했다. 한쪽다리가 없는 외 발 귀신이 논두렁 밭두렁을 뛰어 다니는 걸 보았다는 사람들도 있었다. 칠흑 같은 밤이 되면 울부짖는 듯 괴상한 울음소리와 밤새 쿵쿵 절구를 찧는 소리가 상여 집에서 울려 퍼졌다. 그러다 보니 비가 오는 날이면 그 앞을 지나기가 어린아이들 여린 심장으로는 감히 엄두도 못 낼 일이었다. 그런 날엔 동네 어른들이 바쁜 일손 접고 번갈아 마중을 나오셔서 아이들의 공포를 달래주었다. 그날도 학교수업이 끝나고 삼삼오오 짝을 지어 집에 돌아가는 길이었다. 앞서가던 미란이가 외마디 비명 소리를 지르며 달려왔다. 얼굴은 밀랍처럼 하얘졌고 사시나무 떨듯 덜덜 떨었다.

"귀 귀 귀 귀 귀신… 귀신 남자…."

미란이 말이 채 끝나기도 전에 아이들은 소리를 지르며 울고불고 미친 듯 학교로 내달렸다. 담임선생님께 말씀을 드리자 놀란 강아지들을 한 번씩 안아 달래주며 무슨 귀신이냐며 같이 가보자고 하셨다. 아이들은 무서워 못 가겠다 난리고 선생님은 귀신이 없는걸 보여줘야 너희들이 겁내지 않고 다닐 수 있다며 소사아저씨까지 동행을 하게 하셨다. 상여 집에 이르자 아이들은 어느새 서로 손을 꼭 잡는다. 선생님과 소사아저씨는 흐릿한 손전등으로 상여 집 구석구석을 보여 주셨다. 병풍, 상여, 만장, 놋그릇, 제기, 밧줄 꾸러미 등이 가지런히 정리되어 있었다. 으스스한 게 영 꺼림칙했다.

"아무것도 없잖아. 이건 사람들이 아파서 하늘나라로 갈 때 타고 가는 꽃가마란다. 귀신 없지? 괜히 너희들이 귀신이 있다고 생각하니까 그렇게 보인 거야."

"아니에요 진짜 봤어요. 남자 귀신이 머리를 이렇게 헝클고 나왔어요. 키가 컸어요."

미란이의 항변에 선생님은 머리를 콩 쥐어박으며 귀신은 없다 하셨다. 귀신소동이 잦아들던 어느 날, 엄마가 누군가에게 불쌍하다며 쉬어 비틀어진 열무 물김치에 밥 한 그릇 말아서 공양을 하고 계셨다. 바우다. 바보 바우, 부잣집 큰아들로 태어나 남부러울 것 없이 성장하다가 용을 잘못 지어 먹여 과부하가 나서 바보가 되었다고 했다. 키는 구척에 머리는 덥수룩하고 입을 항상 헤벌쭉 벌리고 침을 질질 흘리면서 동네 아이들을 따라 다녔다. 아이들은 막대기로 바우를 때리고 도

망치기도 하고 입을 모아 놀려댔다.

"바우야! 바우야! 어디에서 왔니? 바우네 집에서 왔지. 헤헤헤헤."

항상 배고파하는 바우에게 아이들은 먹을 것을 주기도 했지만 땅바닥에 뿌려놓고 주워 먹으라며 못된 장난도 많이 했다. 어른들은 아이들을 혼내고 야단도 쳤지만 악동들이 말 들을 리 없을 터, 바우 집에서는 하루가 멀다 하고 집을 나가는 바우를 찾다가 지쳤는지 몇 날 며칠을 집에 돌아오지 않아도 나 몰라라 했다. 동네에서도 매일 보던 바우가 며칠 만에 한 번씩만 나타났다. 동네사람들은 바우를 보면 은근히 바우네 식구들에게 염장질을 했다.

"시상에 그렇게 잘생기고 착하던 애가 어째 이렇게 되었댜 글쎄. 돈 많다고 좋은 게 아녀. 보약 잘못 먹어 저렇게 되었다잖여. 우리 봐봐 못살아도 몸뚱아리가 재산 아니겄어."

며칠 만에 나타나는 바우는 괴성을 지르며 동네를 뛰어다니는 일이 잦아졌다. 사춘기도 지나고 한창 혈기가 왕성할 나이가 되었으니 그 힘을 주체를 못하고 뜀박질에 쏟아 붓고 있었다. 바우가 뛰면 동네아이들도 뛰고 덩달아 동네 개들까지 합세해 짖고 난리였다. 점점 사내 티가 나는 바우는 여자아이들을 보면 요상한 행동으로 동네 어른들로부터 혼쭐이

나곤 했다.

동네 용하다는 무당이 있었다. 굿을 해보라는 동네사람들 말에 바우네 집에서는 굿판을 준비했다. 널따란 마당에 멍석이 깔리고 커다란 상 위엔 돼지머리가 올라앉았다. 시루떡이 통째로 올라가고 형형색색 과자들이 탑을 쌓듯 제기에 수북이 올라지고 갖가지 귀한 과일들이 상머리를 차지한다. 북어도 통째로 명주실에 묶여 한자리 차지하고 상 뒤엔 병풍이 둘러 쳐졌다. 조상님 오시는 길 내준다며 상머리부터 대문 밖까지 하얀 소창 깔아 길 터놓는다. 동네사람들은 굿판 주변을 둥글게 에워싼다. 오색찬란한 옷을 입은 무당이 소리친다.

"예수쟁이는 나가라."

무당의 섬뜩한 두 눈에 광기가 서린다. 방울소리와 함께 대가 흔들리기 시작한다. 방울소리가 요란해지며 대의 흔들림도 거세지고 대의 흔들림을 따라 정신없이 버선발로 어디론가 내달리다 다시 돌아와 겅중겅중 뛴다. 날선 작두에 오르는 무당을 보며 아이들은 엄마 치맛자락 사이로 숨어든다. 바우가 나타났다. 겁에 질린 바우를 굿상 앞에 꿇리고 두 손을 정신없이 비벼대며 간절하게 무언가 소망하는 바우네 식구들, 작두 타던 무당이 내려와 지푸라기로 만든 어떤 형상을 태우자 바우가 쓰러졌다. 굿판을 보던 사람들은 한바탕 소란을 피운다. 무당이 용한 게 틀림없다고.

한동안 바우 소식이 없었다. 병이 다 나아서 서울로 유학 갔다는 이야기도 있었고 누구는 죽어서 몰래 장사 지냈다고도 했다. 추운 겨울이 지나고 바알바알 햇살이 기어오르는 나른한 봄날, 동네아이들의 재잘거림에 만물이 깨어나고 있었다.

"와! 바우다 바우."

아이들의 뛰는 소리와 함께 개울가에 바우가 나타났다. 다 헤진 옷에 머리는 덥수룩하게 자라 엉키고 떡이 진 채 몰골이 사나웠다. 헤벌쭉 웃는 모습은 여전했지만 해골처럼 말라 있었다. 아이들이 떡 쪼가리를 건네자 괴상한 소리와 함께 허겁지겁 받아먹었다. 동네 사람들의 이야기가 그랬다. 집에서 나와 헤맬 때마다 바우는 배고픔을 이기지 못해 상여 집을 찾아 들었고, 상여 집을 지키는 귀신 먹으라고 어쩌다 들여놓는 귀신 밥을 먹으며, 그 안에서 한겨울을 보냈단다. 동네사람들도 바우가 상여 집 드나드는 걸 알고 먹을 걸 들여 놓기도 했지만 한겨울에 그 안에서 지내는 줄은 꿈에도 몰랐고 무얼 먹으며 추위를 견뎌냈는지 모르겠다며 딱해 하셨다.

개울가에서 해맑게 웃는 모습을 본 며칠 후, 바우가 죽었단다. 상여 집에서 웅크린 채 하늘나라로 떠나 버린 바우는 마치 어여쁜 꿈을 꾸듯 환하게 웃고 있었단다. 바우가 꽃상여에 실려 가고 있다. 구슬픈 만가는 봄바람에 실려 멀리멀리 흩어지고 꽃상여가 상여 집에 잠시 머물러 작별 인사를 전하자 바우는 헤벌쭉 웃는다. 봄꽃이 바람에 날려 바우가 타고 가는 꽃상여에 살포시 내려앉는다.

2014년 에세이문예 간, <한국수필> 7집에 수록

제2장

고욤의 유혹

록! 맥주! 포기하는 삶

서교동 '윤 디자인 갤러리'에 '일러스트레이터 주용 작가'의 1차전이 열렸다. "록. 맥주 포기하는 삶"이란 제목으로 관람객의 발걸음을 붙잡았다. 전시회장엔 작가가 직접 작사 작곡하고 직접 부른 노래와 그의 혼이 담겨 있는 작품들이 내 걸렸다. 신경 세포 하나하나, 모든 사고와 고뇌와 집념이 응집된 작품 안에서 만난 그는 스물여덟이란 나이가 무색할 정도로 많은 이야기를 담고 있었다.

자존심 강한 아기

"잘못했다고 해야지. 그래야 덜 맞지."

"난 이 세상에서 그런 말이 제일 싫다. 그래서 난 잘못을 안 할 거다."

두 주먹을 움켜쥐고 또랑또랑 말하는 아이는 네 살이다. 도통 말썽을 모르던 아이는 동생을 본 후로 끔찍이 예뻐라 하면서도 가끔 시샘을 했다. 그날은 뭐가 심통이 났는지 아기가 자는 방문을 슬며시 닫기에 살피니 아기 팔을 깨문다. 회초리로 손바닥을 때리며 잘못했다고 하라고 하니 생각지도 않은 말이 튀어 나온 것이다.

걸음마가 시작되면서부터 뭐든 "내가 할 거야. 내가 먹을 거야. 내가 가져 올 거야."라며 독특한 독립심을 표출했다. 냉장고에 있는 우유도 내가, 오줌이 마려워도 내가, 장난감 정리도 내가 심지어 자다가 우유가 먹고 싶으면 "엄마 주용이가 할거야. 주용이가."라며 '통 통 통' 마루를 뛰어 주방 냉장고에서 우유를 꺼내 먹고, 남은 우유는 다시 냉장고에 집어넣었다.

큰애가 8살이 되면서 문득 난 십년 후의 나와 가족의 삶의 모습을 상상하다 직장 생활을 시작하게 된다. 학교가 끝나면 놀이방에 보낸 동생을 챙겨 자신이 다니는 학원으로 데려가 곁에 두고 보살펴 주었다. 정말 단 한 번도 힘들다거나 짜증을 내는 일 없이 오히려 동생이 잘 놀았다며 해맑게 웃어 주었다.

어지간하면 근무 중간에 들어와 점심을 챙겨 먹이고 세시쯤 다시 들어와 간식을 챙겨 주었지만 일이 바쁜 날은 불가피하게 큰애에게 점심을 부탁했다. 가장 쉬운 김치볶음밥 만드는 걸 가르쳐주니 엄마가 못 들어오는 날은 늘 같은 메뉴인 김치볶음밥을 동생과 만들어 먹고 나서 고사리 같은 손으로 설거지까지 해 놨다.

한번은 조금 늦은 점심시간에 집에 돌아오니 8살 큰애랑 5살 막내가 주방에서 깔깔거리는 소리가 들렸다. 큰애가 퐁퐁 풀어 그릇을 닦고 막내는 의자에 올라서서 형이 닦은 그릇을 헹군다.

"형아! 엄마가 힘들지 않게 우리가 도와 드리자."

"엄마가 좋아하실 거야."

두 녀석은 거품 장난을 치면서 고 작은 손으로 설거지를 하고 조물조물 행주까지 빨아서 넌 다음 뭐가 그리 좋은지 깔깔대며 박수를 친다. 시큰한 콧날을 주먹으로 문지르는 날 보더니

"엄마다! 우리 엄마다."

두 녀석이 와락 품을 파고든다. 막내가 초등학교에 들어갈 때까지 3년이란 시간을 보살펴 주던 큰애의 힘겨웠던 시간을 일기에서 보고 가슴이 얼마나 먹먹했는지.

"동생이랑 또 김치 볶음밥을 해 먹었다. 미술학원을 데리고 갔더니 선생님이 과자를 주셨다. 나도 친구들이랑 밖에서 놀고 싶다. 그렇지만 나는 동생이랑 노는 게 더 좋다. 우

리 엄마는 회사에서 선생님이라고 하셨다. 나는 엄마가 자랑스럽다."

날마다 맛있다고 먹었던 김치볶음밥이나 집에서 동생이랑 노는 게 더 좋다던 큰애는 이미 철이 바짝 들어 있었다. 사내 강사로 발령받아 별보고 출근해 달 보고 퇴근하는 날이 잦아지면서 친정어머니가 일주일에 한두 번씩 살림을 도와주셨지만 체력이 거덜 난 탓에 몸살을 자주 앓았다.

내친김에 친정엄마랑 살림을 합치고 나니 아이들 걱정, 살림 걱정이 일시에 사라지고 생활도 안정이 되기 시작 했다. 일하는 시간이 점점 늘어나고 함께 하다 보니 믿는 마음이 지나쳐 오히려 친정엄마한테 소홀해지고 어느 순간부터 사각지대로 밀려나는 엄니. 하루는 큰애가 만화책 한권을 건넨다.

"별건 아니고 그냥 시간 날 때 한번 읽어봐요. 내용이 괜찮네."

만화 제목은 생각이 안 나지만 내용은 대충 이런 거였다. 맞벌이를 하는 딸집 살림을 도와주는 친정엄마, 하교 후 아이들은 학원 가기 바쁘고 퇴근한 딸 부부는 제 방으로 들어가기 바쁘다. 하루 이틀… 외로움에 지친 친정엄마는 소주를 마시기 시작한다. 어느 날 주방구석에서 잠든 친정엄마와 널브러진 소주병을 보게 된 딸은 가슴이 미어진다.

"엄마가 아들만도 못 하네."

"아냐. 엄마 잘하고 계셔요. 그런데 할머니한테 필요한 건 대화야. 엄마도 알잖아. 우리 조금만 더 신경 써요."

그때가 중학교 1학년이었다.

미래를 스캔한 생생한 꿈

"주용이는 꿈이 뭐니?"

"만화가가 되고 싶어요."

전교에서 손가락 안에 들 정도로 우등생이던 큰애의 뜬금없는 대답에 당황한 나는 재차 묻는다.

"왜 그런 생각을 하게 된 거니?"

"그림을 그려서 인터넷에 올렸더니 내가 어른인 줄 알았나 봐요. 대화하던 분이 몇 살이냐고 물어서 중학교 2학년이라 했더니 애니메이션 고등학교를 가라고 해서 알아봤어요."

이미 학교 관계자들과 상담을 다 마친 아이는 꿈을 굳힌 상태였다. 미래의 꿈을 일목요연하고도 정확하게 청사진으로 그려 A4용지에 기록을 해 두고 실천하고 있는 중이었다. 단지 부모님의 반대가 심할 거란 예상에 차마 말을 못하다 마침 꿈을 묻는 내게 털어 논 것이다.

그 분야엔 도통 문외한이었던 난 학교를 찾아가 상담을

받게 되고 수많은 자료와 향후 비전들을 찾아보고 난 후 아이의 꿈을 지원하기로 했다. 큰아이에 대한 기대가 남달랐던 집안에서 불어 닥칠 폭풍은 당연했지만 예상보다 일찍 찾아왔다.

아이 손에 닿는 모든 종이나 책은 그림으로 도배가 되고 큰 아이 행동을 유심히 살펴보던 남편은 아이를 다그친다. 피할 수 없다 여긴 아이는 아빠에게 말을 하게 되고 순식간에 분무기가 날아가고 구두주걱이 날아간다.

마음과 몸과 영혼이 원하는 일

아이가 중3이 되고 나서도 여전히 반대는 심했다. 을왕리 해수욕장으로 아버님께서 형제들을 불러 모으셨다. 모두들 특명을 받은 듯 작은아빠, 작은엄마, 고모 등 아이를 설득하는 모습이 관심이라 생각하면 감사한 일이지만 내 아이가 상처받는 게 너무 싫었고 괜한 시간을 낭비하는 게 안타까웠다. 내 아이 일이니까 내가 알아서 하겠다며 단호한 태도를 보이자 뜻밖이라는 듯 당황하는 가족들, 갑자기 모래밭에서 할아버지 앞에 무릎을 꿇는 큰애,

"할아버지는 이 세상에 태어나서 내 마음이 원하고, 내 몸이 원하고, 내 영혼이 원하는 걸 해 보신 적 있으세요?"

"아니. 마음과 몸이 원하는 것까진 해봤는데 영혼이 원하는 것 까지는 아직 못 해봤어. 우리 큰 손주가 지금 하는 일이 그렇다는 거지?"

"네. 할아버지. 하게 해주세요. 꼭 성공할거예요."

선명하게 미래의 꿈을 이야기 하는 손주의 당찬 모습에 더 이상 할 말을 잃으신 할아버지, 손주 등을 토닥일 뿐이다. 평소에 가장 존경하는 분이 할아버지라던 아이는 뜻을 따르지 못함이 못내 죄송한 눈치였지만 자신의 꿈에 대한 열정은 조금도 양보할 생각이 없어 보였다. 가족들의 기대와 자신의 꿈을 다 지키려니 공부하랴 그림 그리랴 밤을 새다 등교하는 날이 허다했고 그런 모습을 지켜보는 가족들은 애간장이 녹았다.

"내가 하고자 하는 일을 모든 사람이 긍정적으로 이해하고 응원만 한다면 오히려 자만해져서 꿈을 이루는 데 시간이 걸릴 수도 있어. 하지만 반대하시는 이 시간도 결국 가족의 사랑이니까 보란 듯이 해내는 거야. 그런 오기가 들지 않니?"

"맞아요 엄마. 저도 방금 그 생각 했어요. 어떡해서든 꼭 해내야겠다고."

이러 저러 3학년말이 되고 애니메이션 고등학교에 원서를 낸다 하니 교장 선생님께서 무슨 놈의 되지도 않는 만화

냐, 인재를 망칠 작정이냐며 원서 마감이 코앞에 닥쳐서야 겨우 허락을 받게 된다.

시험장에서 다른 학부모님들과 이야기를 하는 내내 미안하고 가슴이 아팠다. 아빠 눈치 보느라 학원은 꿈도 못 꾸다 시험이 임박해서야 겨우 흉내만 냈으니 아이의 갈증이 얼마나 컸을까. 몇 년을 학원 다니고 과외까지 하며 준비했다는 이야기들, 난 묵주를 움켜쥐었다. 합격의 순간까지 간이 졸아드는 듯 초조함과 불안감 그리고 희망이 엇갈렸다.

아이는 곧바로 기숙사 생활에 들어갔고 간간이 부딪혀 오는 현실의 벽과 마주하며 고뇌의 순간을 이겨냈다. 꿈이 비슷한 아이들끼리의 만남은 결속력을 다져 주었고 힘겨운 현실과 마주하며 풀어나가는 방법들도 스스로 터득했다.

이미 고교 과정에서 심도 있게 전문 과정을 수료한 아이들은 대학을 가려니 연계되는 과도 딱히 없어 전공을 선택하기가 매우 애매모호했다. 선택의 여지가 많지 않으니 대학을 가기 위해 대부분 아이들이 전공과 상관없는 디자인 계통의 학원을 다니며 남들과 두배 세배 힘겨운 시간을 보내야 했다. 군대 가기 전 입지를 다져놔야 제대 후 설 곳이 생긴다며 한 해 휴학을 하게 되고 파란(지금은 없어진 포털 사이트) 단편만화 공모전에서 대상을 받게 된다.

군대를 다녀오고 복학하고 모 기업 공모전에서 대상 받고 짬짬이 작업하면서 졸업전시회까지 무사히 마친 후에야 비로소 진짜 꿈을 들여다볼 수 있는 시간을 갖게 되었다. 전시회장은 상상 이상으로 화려했고 입구에서부터 빔으로 쏘아 올린 작품들은 그의 음악과 함께 춤을 추었다.

'작가님이 보고 싶어 다시 왔어요.'

'역시 작가님 그림은 다르네요. 신선하고 독특해요.'

'잘 생겼어요. ㅎㅎ'

팬들의 소박한 응원이 방명록을 채워가고, 만화가로 일러스트레이터로 브런치 작가로 시각디자이너로 한발 한발 자신의 꿈을 당겨오는 젊은 작가. 십년 전에 생생하게 기록하며 꾸었던 꿈은 홍대 앞 갤러리에서 펼쳐졌다. 아직은 녹록치 않은 환경과 헤쳐 나가야 것들이 많은 게 현실이지만 그가 꾸는 꿈은 다시 2차전, 3차전, 4차전…으로 이어질 것이다. 그가 오를 꿈의 단상과 마주할 많은 사람들의 즐거운 표정이 상상이 되는 날이다.

푸른 치유

스물다섯 청년의 배려

"민박집이죠? 저희 도착했는데 위치를 몰라서요."

"까끄막 밑이요."

소낙비 퍼붓듯 쏟아지는 할머니의 사투리, 도통 알아들을 수가 없다.

"하나도 못 알아듣겠어요 할머니. 저희가 다랭이 마을 맨 위의 길에 있구요. 바로 위에 카페가 보여요. 거기에 차를 세워놓고 있거든요."

"까끄막 빨간 지붕."

짐작컨대 깎아지른 언덕 아래가 민박집인데 마중을 나오시겠다는 말씀인 것 같다. 하늘에서 불화살을 당기는지 차문을 열자 성난 열기가 훅 들어온다. 이글거리는 태양 아래 서 있는 청년과 중년의 여자, 지열에 녹아 버릴 것 같다.

폭염주의보! 사망자 발생! 27~8도만 되어도 덥다고 아우

성이던 시절이 언제였던가. 기본 30도로 올라가 주는 게 예의없고 버릇없게 37~40도를 넘보는 날이 심심찮다. 쪽빛 바다가 내려다보이는 절벽 아래 그림처럼 누워있는 다랭이 마을, 붉은빛 푸른빛 지붕을 이고 바다와 마주한 화려한 색감은 단번에 여행자의 마음을 사로잡는다. 민박집에 대한 낭만을 품고 달려 온 길,

붉은 지붕이 도로 위에 엎어져 있고 폐타이어가 지붕 끝을 꾸욱 누르고 있다. 머리에 수건을 질끈 동여맨 허름한 옷차림의 노파가 '끄응'소리를 내며 지붕 끝에 걸터앉는다. 직감적으로 민박집 할머니란 걸 알고 다가간다.

"에어컨 있는 거 맞죠 할머니?"

"에어컨 있는디. 있는디."

"있죠? 에어컨? 저희 에어컨 없으면 이 더위에 못 자요 할머니. 샤워 시설도 있는 거 맞죠? 있다고 하셨잖아요."

"있다 카이. 어제도 있었는데 방이 좋다카이. 저녁에는 안 덥소."

불길한 예감, 두서없이 횡설수설 무슨 말씀인지 모르는 언어가 궁시렁 궁시렁, 삿대질도 하신다. 가파른 언덕을 몇 발자국 내려간다. 남해의 쪽빛 바다를 품은 민박집 마당에 곡식 낱알들이 뒹굴고 슬리퍼를 통해 전달되는 지열은 고온

사우나의 열기보다 독하다. 한 사람이 자기도 모자라 보이는 방, 에어컨도 없고 샤워 시설이 없다. 눈빛을 외면하고 쉴 새 없이 무언가 변명을 하시는 할머니, 배신감에 씁쓸해진다. 그렇게 여러 번 확인했건만 심한 말씀까지, 청년과 여인은 동시에 후욱 올라오는 짜증을 누르며 민박집을 뒤로 한다. 등 뒤로 달라붙는 거친 욕설.

귀를 막고 가파른 언덕을 오른다. '님과 함께'라는 프로그램에서 소개되었던 카페를 찾아 나선다. 나선형으로 구부러진 해안 길은 자칫 방심하면 바다로 추락이다. 좁다란 길, 수시로 차에서 내려 여분을 확인하며 아슬아슬 곡예운전을 하는 와중에 반대편에서 밀고 들어오는 차, 미쳤나보다. 당연히 기다려야 하는 상대는 당연히 밀고 들어오며 물러설 기미를 보이지 않는다.

'그래. 베스트 드라이버인 내가 후진해 주마. 여자가 밀고 들어가도 웬만하면 남자가 양보를 해 줄 텐데 창피하지도 않니 넌?'

직선도 아니고 완벽하게 반원을 그리며 후진해 나가는 내게 미안했던지 멈추라는 손짓과 함께 물러선다. 욕 터지기 일보 직전이었었다. 네비는 멈추었는데 카페는 없고 이정표는 있는데 카페는 없다. 길손도 주민도 다들 모른단다. 벽에 부딪힐 듯 좁다란 골목길을 빠져 나와 수직으로 일어선 언덕을 다시 오른다.

"엄마야. 무서워."

처음에 멈추었던 그 길로 다시 돌아왔다. 주유눈금이 바짝 오그라들었다. 불안하다. 이 더위에 에어컨을 끄고 달리면 바로 죽음이다. 카페랑은 인연이 없다 보다. 평소에 다소 까칠하다고 생각했던 청년은 너무도 여유롭다. 중년의 여자를 살뜰히 보살피며 우선 냉커피라도 마시며 여행을 다시 계획하잔다. 빨간 지붕이 아름다운 카페로 여인을 이끈다.

늘어진 땀구멍은 에어컨 바람에 오그라들고 된장냄새를 풍기며 쏟아져 나오던 노폐물들도 잠시 멈췄다. 타는 갈증에 키위주스와 토마토주스를 주문한다. 세상에나 이렇게 맛없는 주스는 처음이다, 카페 창문 너머로 보이는 쪽빛 바다가 위로를 건넨다. 불편했던 마음들이 달아나고 아련함을 퍼올리는 감정의 회로들, 그 무엇도 생각나지 않는 멍한 이 상태가 너무 좋다.

인터넷을 검색해 숙소를 대충 결정짓고 독일마을로 향한다. 여인은 청년이 짐짓 짜증 낼까 싶어 눈치가 보였는데 많이 보려 하지 말고 자연과 교감할 수 있는 여유를 가져보라는 청년, 그녀의 막내아들이다. 아기 때부터 이상하게 막내가 하는 어떤 예쁜 짓도 거슬려 했던 그녀의 남편과 청년은 아슬아슬 위태로운 감정의 줄다리기를 자주 했다.

얼마 전에도 몹시 심한 상처를 받은 청년이 안쓰러워 가슴을 태우던 그녀는 청년을 데리고 무작정 집을 나섰다. 칼날 위에 선 것처럼 위태로운 날들이 많았음에도 반듯하게 형이랑 나를 잘 키워줘서 정말로 고맙다는 인사를 건네는 청년, 울컥 눈물이 쏟아지는 그녀는 들킬세라 딴짓을 한다. 관광지라서 란 선입견을 가질 수밖에 없는 그저 그런 멸치 쌈밥으로 대충 점심을 챙겨먹고 다시 달린다.

남해 전체가 영화의 한 장면이다. 가슴 아픈 시간들이 밀려간다. 독일마을을 향해 달리는 길은 그림이다. 저 쪽빛 바다 위에 누워 표류하는 갈매기가 되고 싶다. 어여쁜 풍경이 스칠 때마다 차를 세우고 여유 있게 보고 가라는 청년은 바닷가로 그녀를 이끈다.

등 뒤로 내리꽂는 불화살, 화상이라도 입을 것 같다. 선크림을 덕지덕지 발라주고 우산을 씌워주는 청년.

"많이 컸네. 엄마 아들."

"엄마가 잘 키우셨어."

주유 눈금이 위태롭다. 불안감에 주유소가 나오길 고대하다 길을 잘못 들어 거리는 점점 늘어난다. 에어컨을 끄니 환장하겠다. 우여곡절 끝에 알뜰주유소를 찾아내 볼록하게 주유를 한다.

독일마을 가면 꼭 소시지를 먹고 싶다며 청년이 검색한 '크란츠러'로 목적지를 변경, 휘어질 듯 구부러진 길을 한 시간 반쯤 달려 도착하니 빨간 지붕에 흰색 벽으로 치장한 마을이 반긴다. 소박하고 정갈하며 클레식한 느낌은 독일의 어느 마을 하나를 옮겨다 놓은 듯 이국적인 풍경이다. 그 마을 안에 목적지가 있다.

삼원색 색채감이 강렬한 크런츠러의 실내장식은 묘하게 침샘을 자극한다. 종잇장처럼 얇은 반죽위에 허브와 들꽃 바질을 토핑으로 얹고 바삭하게 구워져 나온 고르곤 졸라 한 조각에 꿀을 발라 입안으로 밀어 넣는다. 달콤함을 매운 맛으로 감싸고 강한 뒷맛을 남기는 블루치즈의 섹시함은 '파당파당' 건반 위를 제멋대로 뛰어다니는 손가락의 유희 같다.

짠맛이 전혀 느껴지지 않는 소시지의 담백하고 깔끔한 맛, '펑' 소리와 함께 쏟아져 나온 맥주는 빗방울 튕기듯 기포를 쏘아 올리며 붉은빛 유리잔에 담긴다. 흑맥주의 농염한 유혹에 말려든 그녀의 손은 잘록하게 파인 유리잔의 허리를 끌어당겨 고개를 뒤로 반쯤 젖히고 흑맥주를 입안에 쏟아 붓는다. 순간 '턱' 숨이 막히는 듯 답답하다 가벼운 트림이 나며

말랑하게 주물러진 식도를 타고 냅다 달려 위장으로 퐁당 뛰어든다. 농락하듯 바닥으로 밀쳤다. 시공을 초월한 어딘가로 끌어당기며 빙그르르 돌리다 바람 빠진 허파 속에서 허우적대는 취기, 전신에 힘이 빠지고 뜻 모를 웃음이 헤프다. 감정의 바다 위에 거친 바람이 분다.

함께 하지 못한 가족들 생각에 가슴이 저려온다. 모텔과 팬션을 같이 운영한다는 인터넷이 제공한 정보의 주인과 통화를 하며 숙박비로 잠시 갈등하다 절반이나 저렴한 모텔에서 묵기로 했었다. 시처럼 펼쳐진 쪽빛 바다를 마주한 독일마을의 낭만을 모텔이라는 숙소로 망치고 싶지 않은 그녀는 대뜸 흥정을 한다. 막내아들과 여행 중인데 팬션에서 묵고 싶지만 숙박비가 부담스러우니 값을 깎아 달라 부탁하자 흔쾌히 절반으로 깎아주는 통 큰 인심을 보인다.

아까 그 민박집에 에어컨이 없었다는 이유로 받은 통쾌한 선물이다. 팬션은 민망하게도 뛰어 놀아도 될 만큼 넓고 쾌적했다. 열 사람은 자도 되겠다. 통화는 여주인과 했는데 남자분이 기다리며 볼멘소리를 한다. 우리 마누라가 미쳤나보다고, 성수기에 방값을 절반만 받는 여자는 도대체 무슨 생각이었는지 알다가도 모르겠단다.

"사장님 여기 맛있는 밥집 있으면 소개해 주실래요?"

생글거리며 관심을 돌리니 단순하기도 하시지. 10초도 안 되어 다 까먹고 웃으며 어딜 가도 경상도는 맛이 없단다. 충청도에서 듣던 소리를 여기서 들으니 이상하게 정겹다. 그나마 딱 한군데 괜찮은 데가 있는데 줄을 서서 기다려야 한다며 '우리식당'을 찾아보란다.

찬물로 샤워를 하고 또 하고. 지친 몸을 일단 쭈욱 펼쳐 침대에 널어놓는다. 세상 부러울 게 없다. 태양을 삼킨 하늘은 달을 뱉어 놓는다. 달빛에 끌려 밖으로 나선다. 가파른 언덕을 내려 천천히 산책을 한다. 아빠와의 갈등으로 잃어버린 청년의 시간이 가슴 아팠다. 그러면서도 아빠에 대한 연민에 흔들리는 청년, 지금 이 시간은 서로를 위해 정말 잘한 일이라며 스스로를 다독인다. 마을 아래까지 내려가 맥주 몇 병과 생수 간식거리를 사 들고 올라온다. 마을 아래서 보는 붉은색 지붕은 달빛에 더욱 고고한데 그 골목 사이로 꿈이 비집어 든다. '그래, 작가가 되고 싶었었지'

청년의 표정은 지금껏 보아왔던 그 어떤 표정보다 자유롭고 평온하다. 그녀와 청년의 머리맡엔 맥주 캔이 가지런한데 잃어버린 시간은 어지럽게 밤을 달린다.

가장 아름다운 색채

숙소 문이 벌겋게 달아올라 눈을 뜬다. 일출이다. 6시가 채 안된 시각, 카메라를 들고 숙소 밖으로 나서다 후텁지근한 열기에 깜짝 놀란다. 어제 달구어진 열기가 미처 식기도 전에 다시 하루가 시작되고 있었다.

숙소에 누워서 뒹굴뒹굴 게으름을 피우다 브런치를 먹으러 나선다. 같은 이름 다른 장소 '크란츠러' 외국여행을 하고 있는 착각이 들 만큼 이국적인 풍경이 카페 창밖에 펼쳐져 있다. 틈새의 행복이랄까. 챙이 넓은 모자와 초록빛 드레스, 육즙이 풍부한 소시지, 엠보싱처럼 생긴 샌드위치, 순한 맛의 커피 한잔, 남자 친구처럼 섬세한 배려를 아끼지 않는 청년의 친절함, 서툴지만 소시지를 썰어주는 자상함, 행복이란 단어가 정신없이 달려든다.

"그래. 친절한 남자친구가 되거라. 배려하는 남편이 되거라. 친구 같은 아빠가 되거라. 유능한 남자가 되거라. 멋진 인생을 살거라. 한번 다녀가는 인생이다."

예술촌으로 이동한다. 심술궂은 태양은 화염병 던지듯 불화살을 길 위에 내던진다. 엄마 사진 찍어주랴 우산 씌워주랴(태양 가리개로 가져갔다) 부채질해주랴 짐 들어주랴 뭐하고 싶냐며 수시로 제 어미를 챙기는 청년, 둘은 폭염을 견디지 못하고 결국 예술촌 안에 있는 박원숙 카페로 숨어든다.

카운터에서 아예 안 보이는 사각지대에서 몇 시간을 보낸다. 그녀는 글을 쓰고 청년은 책을 본다. 배가 고파진 그들은 어제 팬션 주인이 일러준 '우리식당'으로 네비를 찍는다. 멀리 보이는 식당 문밖으로 사람들의 긴 행렬이 보인다.

식당 안은 생각보다 소박했고 주인장과 서빙 하는 사람들 얼굴은 온화해 보였다. 다녀간 사람들의 흔적은 사방을 메우고도 모자라 틈새마다 붙어있다. 멸치 회 무침과 갈치구이를 주문한다. 갖은 야채와 함께 버무려져 나온 회, 한입 넣는 순간 새콤달콤함의 비율이 환상인데다 매콤함이 곁들여진 맛은 고막을 자극하며 머리로 튕겨 올라가 진저리를 치게 한다. 생물로 구워 낸 통통한 갈치구이는 어찌나 부드럽고 고소한지 먹는 내내 집에 남겨둔 가족들을 생각나게 했다.

쥔장 할머니가 엄마랑 여행하는 청년이 기특했는지 멸치조림 한 그릇을 내어놓으며 마음껏 먹고 가란다. 1박2일의 짧은 여정이었지만 그녀와 청년은 참으로 많은 것을 교감하며 인생의 잊지 못할 따듯한 시간을 가졌다. 상처는 아프지만 보듬어 주는 과정에서 치유와 더불어 더 많은 감정의 성숙을 가져다주기도 했다. 이미 성숙해질 대로 성숙해진 청년은 상처를 덧내지 않고 아물게 하는 방법을 스스로 깨닫고 있었다.

강렬한 색채로 아름다운 치유의 시간을 가져다준 남해의 쪽빛 바다는 청년의 인생에서 아니 그녀의 생에서 가장 아름다운 빛깔 중 하나로 기억될 것이다.

"엄마, 아들 잘 키우셨어. 25년 키워놨더니 쓸 만하지? 아들이 자상하니까 여자들한테도 인기가 많은 거야."

실없는 청년의 농담 속으로 야물어진 삶의 흔적이 녹아든다.

여울이 단상

여울이 단상 I

"여울아! 밥 먹어/ 할머니가 맛있게 비벼 놨다/ 아이 착해라 우리 여울이가 제일 이쁘고 착하지/ 말귀도 다 알아 듣고 얼마나 영리한지 사람보다 낫지 우리 여울이가/ 식구들이 우울하면 여울이도 눈치를 보고/ 할머니가 아프면 여울이가 곁에서 할머니도 지켜주고/ 밖에 나가도 제일 이쁘다고 하고/ 밥 다 먹었으면 이쁘게 머리 빗자/ 여울아 어여 안 와? 조~오게 말을 안 들어."

우리 집 첫새벽 풍경이다.

"일어나요. 왈왈! 일어날 시간 되었어요 왈왈!"

자명종이 따로 없다. 정확히 새벽 6시만 되면 여울이가 더 급해서 난리다. 조금이라도 게으름피면 발로 긁고 때려서 기어코 깨우고야 만다.

"빨리 밥 먹어요. 할머니가 밥 차려 두셨잖아요. 왈왈."

밥 다 먹을 때까지 식탁 옆에 엎드려 있거나 안아 달라고 보챈다. 한 손으로 안고 밥을 먹으면 맛난 건 나누어 먹자고 떼를 쓴다.

"이젠 샤워해야죠. 왈왈."

샤워가 끝날 때까지 목욕탕 앞에 엎드려 기다린다. 머리 말릴 때까지 기다렸다가 옷 갈아입고 현관문을 나서면 쌩'하고 돌아선다. 특별한 일이 없는 한 할머니랑 매일매일 학의천변을 두 세 시간씩 산책을 해서 그런지 열 살이 넘었음에도 여전히 갓 스물 아가씨 같다.

출근하는 느낌과 산책하는 느낌을 단박에 알아채고 출근길엔 아무리 꼬드겨도 현관 근처엔 얼씬도 안하고 주방에서 인사하고 쌩' 돌아서는데, 산책 나가는 길은 용케 알고 옷도 입기 전에 먼저 현관문 앞에서 괴성을 지르며 난리도 그런 난리가 없다.

반려견(犬) 여울은 어여쁜 얼굴에 비해 앙칼지고 머리가 어찌나 좋은지 여우 중에 상여우다. 여울이 엄마가 있었다. 눈이 사슴처럼 선하고 동그랗고 순한 얼굴이 어찌나 예쁜지 동물병원에 가면 수의사가 사람으로 치면 미스코리아 진 정도 되는 미모라고 칭송했었다.

"에구 에구 사람은 안 반기는데 개가 반기는구나."

퇴근하는 남편에게 배를 뒤집고 풍뎅이처럼 빙글빙글 돌며 갖은 애교를 부리는 여울이 모녀에게 던지는 남편의 농담이다. 처녀로 늙는 게 안쓰러워 시집을 보내고 임신을 하게 된 초롱이, 엄살이 비교적 심했던 초롱이는 산달이 다가오면서 통증을 견디지 못하고 늘 안아 달라고 보챘다. 잠들 때까지 품에 안고 있다가 내 배위에서 잠이 들곤 했다.

2002년 12월 31일 초롱이는 네 마리의 새끼를 낳았다. 수원에서 교육중 초롱이가 분만이 시작되었다는 소식을 듣고 집으로 달려가니 탯줄이 끊어지지도 않은 새끼를 매단 채 피투성이가 되어 현관 앞으로 마중을 나온다.

“초롱아 아기 낳는 것도 힘들 텐데 뭐 하러 마중을 나와.”

단순히 동물이라고 하기엔 너무나 애틋한 초롱이의 마음 씀씀이에 가슴이 시큰거렸다. 두 마리는 무사히 순산을 하고 한 마리는 상태가 좋질 않아 막내 수용이가 안되겠다 싶은지 피투성이 입에 인공호흡을 시작한다. 숨을 쉰다. 네 번째 애는 사산이 되어 나왔다.

3주 동안 초롱이 몸조리를 해줬다. 평소에 어찌나 애가 상냥하고 애교가 많고 착한지 그 작은 체구로 넷을 낳았다는 게 대견하고 안쓰러워 미역국과 북어국을 번갈아 가며 끓여줬고 고맙게도 초롱이는 늘 맛있게 먹어줬다.

몸이 비들비들 마르면서도 기꺼이 새끼들을 위해 젖을 내어주는 초롱이, 고만 좀 먹이라고 해도 틈만 나면 제집에 누워 새끼들을 품었다. 세 마리가 젖을 빨 때마다 어미 몸이 오그라드는 것처럼 가여워 새끼들에게 이유식을 먹이면서 초롱이도 좀 편안해 졌다.

두 마리는 동물을 좋아하는 집에 분양을 했고, 가장 체구가 작은 여울이를 키우기로 했다. 지금도 후회스러운 건 좀 더 신중하게 생각하고 분양을 했어야 했는데 둘의 행방이 묘연해서 지금도 생각하면 가슴이 시리다.

엄마와 달리 여울은 머리가 어찌나 영악하고 사나운지 도통 무서운 게 없고 기세등등했다. 저보다 열 배는 큰 호구에게 달려들다 목숨을 잃을 뻔도 했고, 산책길에서도 곁을 주지 않는 도도한 아이다. 여울이는 짓궂어서 종종 제 어미를 놀려 먹었다. 둘이 노는 광경을 보고 있노라면 사람이라는 착각이 들 정도로 기가 막혔다. 초롱이는 개 껌을 좋아하고 여울이는 껌에는 도통 관심이 없다.

제 어미가 껌을 좋아하는 걸 알고 어미 앞에 놓인 껌을 제 발로 잡아끌었다 밀었다. 약을 올리다 입에 물고 줄행랑을 친다. 약이 오른 초롱이가 쫓아가고 여울이는 침대 위로 폴짝 뛰어 오른다. 그리곤 입에 물었던 개 껌을 고개 앞으로 쭈욱

빼며 바닥으로 던진다. 초롱이가 침대에서 뛰어 내리면 어느새 여울이가 더 빨리 입에 개 껌을 물고 다시 침대로 뛰어올라 침대 모퉁이에 숨겨둔다. 약이 오른 초롱이는 개 껌을 찾으려고 침대를 긁고 낑낑거리면 한참을 지켜보던 여울이가 껌을 꺼내 준다.

날마다 여울이한테 당하면서도 화 한번 내는 법이 없던 초롱이는 밖에 나가면 뒤도 안 돌아보고 앞만 보고 걷는 습관이 있었고 여울이는 수시로 뒤를 돌아보며 이야기를 건넸다. 부주의로 현관문이 열려 초롱이랑 여울이가 동시에 없어져 혼비백산 찾고 난리가 났을 때 초롱이는 앞만 보고 걷다가 누군가가 관리 사무실에 맡겨 찾았고 여울이는 태연하게 현관 앞에 엎드려 있었다.

가끔씩 열린 문틈으로 뛰쳐나가 놀다가도 여울이는 여지없이 집으로 찾아왔다. 앙칼지다 보니 누가 만지지도 못하고 집에 대한 기억이 또렷해 사실 밖에 나가도 별 걱정이 되진 않았다.

시아버님 생신 날 시댁 식구들이 모였다. 동물을 싫어하는 작은형님이 여울이를 발로 걷어찼다. 반려견을 가족처럼 생각하는 그 맘을 헤아릴 리 없는 시누이가 야속해 부글부글 속이 끓어 올랐다. 싫으면 싫은 거지 발로 걷어차긴 왜 차누.

“어머! 이게 뭐야???”

수십 켤레 신발 중에 작은형님 신발, 그것도 안보이게 신발 깊숙이 똥을 싸고 오줌까지 보태놨다.

“ㅎㅎㅎㅎ 거 봐 누나. 짐승이라고 깔보면 벌 받아.”

애들 아빠가 초롱이랑 여울이를 데리고 미용실엘 갔다. 마침 점심시간이라 미용실 문이 닫혀 있었고, 애 아빠는 담대하게도 아이들을 차 밖에 내놓고 놀다 오라고 했단다. 고막을 찢을 듯 짖어대는 여울, 순둥이 초롱이는 삽시간에 없어졌다. 초롱이를 잃어버렸다는 전화를 받은 식구들은 혼비백산 사방팔방을 찾으러 뛰어 다니고, 전단지 붙이며 또, 김포 유기견 센터에까지도 다녀왔지만 초롱의 소식은 그 어디에서도 들을 수도 볼 수도 없었다. 다만 맘씨 좋은 주인 만나서 사랑받으며 살고 있을 거라고 믿고 싶을 뿐이다.

가족들은 한동안 우울증을 앓았다. 우울한 시간은 생각보다 꽤 오랫동안 지속되었고, 특히나 장난꾸러기 막내는 폭풍 같은 사춘기를 맞이하게 되고 아빠에 대한 불신이 쌓여갔다. 혼자 남은 여울이의 우울증도 한동안 깊어졌다. 활발함이 지나쳐 극성스럽기까지 했던 여울이는 까불지도 않고 늘 현관 앞에 엎드려 제 어미를 기다렸다. 눈앞에서 엄마를 데려가는 걸 보았는지 사람에 대한 경계도 깊어지고 심지어 가족들에게조차 눈길을 거두었다.

잃어버린 초롱이에 대한 아픔보다 곁에 있는 여울이의 우울증이 더 걱정이 되어 날마다 안아주고 보듬고 산책시키면서 유대감을 키웠다. 여울이도 조금씩 마음의 문을 열기 시작하고 제법 활발해 졌다. 이젠 나이가 들어 잔소리가 어찌나 심한지 영화를 좋아해서 거의 날마다 영화 한편씩 보느라 새벽까지 거실에 앉아 있노라면

"내일 출근해야지. 빨리 자. 눈도 빨갛고. 원 세상에. 그렇게 잠을 안 자고 어떻게 사누. 왈왈. 빨리 자라구."

고개를 아래위로 주억거리며 마치 사람이 야단치는 듯 목소리도 달라진다. 꾸벅꾸벅 졸면서도 내가 잠자리에 들어야 비로소 잠을 청하는 아이. 사람 나이로 치며 파파 할머니 일테니 잔소리가 엄청 늘 때도 되었지.

친정엄마가 여울에게 쏟는 정성은 손녀딸 그 이상이었다. 이른 새벽에 맛있게 밥을 비벼 여울에게 먹이고 간식까지 챙겨주고 기저귀를 갈아주며 머리를 곱게 땋아 붉은빛 푸른빛 고무줄로 묶어 리본까지 달아 주신다. 여울이는 사람이 먹는 밥에 간식을 곱게 썰어 비벼서 먹이는데 잡곡밥이나 진밥을 싫어해 여울이 밥을 먹지 않는 날이면 엄마는 밥을 잘못했다며 애를 태우셨다.

날마다 여울이랑 대화를 하시며 행복해 하시는 모습, 사람이 하지 못하는 것을 여울이 사람 그 이상으로 채워드리고 있다. 비가 쏟아지던 날, 간식이 떨어졌다고 여울이를 한 손에 안고 한 손으로 우산을 받쳐 들고 한 시간 이상을 걸어서 사 오시는 그 정성, 여울이는 짐승도 동물도 아닌 우리 가족의 한 구성원이다.

여울이 단상 II

"여울이도 이제 나이가 할머니다. 왜 자꾸 침대에 올려놔서 애를 뛰어 내리게 하니? 다리를 다친 모양이다. 오늘 종일 밥도 안 먹고 걷지도 못하고 저렇게 엎드려 있다."

퇴근하면 멀리서 들리는 자동차 소리에도 누군지 알고 미리 현관 앞에서 난리를 피던 아이가 엄마 방, 전기 방석 위에 엎드려 미동도 없다.

여울이는 일어서 몇 발짝 걷다 그대로 쓰러진다. 다리를 주무르니 밭은 신음소리를 내며 눈가에 이슬이 맺힌다. 다음날 출근해 미팅이 끝나기가 무섭게 여울이를 데리고 비산동 동물병원으로 향한다. 의사선생님이 바닥에 내려 놔 보란다. 비틀거리며 걷는 여울이, 다리엔 이상이 없는 것 같단다. 병원 바닥에 오줌을 싼다.

"소변에 농양이 섞여 나오네요. 다리는 이상이 없고 눈도 나이가 들면 자연스럽게 나타나는 노화현상이라 큰 문제는 없습니다. 분명한 건 자궁에 농양이 차 있다는 겁니다."

이 정도면 평상시에 아프다고 낑낑대며 보챘을 거라며 여울이 상태를 묻는데 전혀 그런 적이 없었다 하니 개들도 품성이 다 달라서 아프다고 엄살 피며 짜증내는 아이들도 있고, 여울이처럼 속이 깊어 참는 아이들도 있단다. 초음파 검사를 하니 그 작은 자궁 안이 농양으로 가득 차 있다. 체중을 달아보니 2.14kg, 저 작은 체구의 아이 속이 어찌 저리 깊었을까 가슴이 시려왔다. 당장 수술을 해야 한다는 의사선생님, 인간들이 위안을 얻고자 키우면서 생리적 리듬까지 억제 시키고 숫처녀로 늙게 한 게 가엽고 미안했다.

동물들은 사람과 달라서 성욕이 아무 때나 있는 게 아니고 오로지 생리 전후에만 있기 때문에 너무 미안해 하지 않아도 되고, 가족들로부터 충분히 넘치게 사랑을 받고 있는 아이라 여울이도 행복하고 감사해 할 거라는 의사선생님 말씀이 그나마 위안이 되었다. 초음파 검사를 하기 위해 반듯이 누운 배에 차가운 젤을 바르는데도 끙 소리 한번 안 내고 참는 아이에게 간호사는 '고놈 참.' 하며 머리를 쓰다듬는다.

수술비, 잔여수명 운운하는 남편의 말을 단칼에 자르며

모든 비용은 내가 지불할 테니 아무 말도 하지 말라고 일침을 놓는다. 가족이 아픈데 수술비를 운운하는 것 자체가 미안했다. 사람이든 짐승이든 배은망덕하면 안 될 일이다.

수술실로 들어가는 아이의 시린 눈빛, 여울이 눈 밑이 촉촉해진다. 가족들이 있으면 버둥대서 아이에게 도움이 못 되니 저녁 퇴근길에 들르라며 내 자식처럼 잘 돌봐 줄 테니 걱정하지 말라는 의사 선생님 말씀이 거듭 이어진다.

며칠 전에 여울이가 하도 낑낑거려 엉덩이를 때린 적이 있었다. 그럼에도 엄마 방문 앞에서 뒷걸음질을 치며 고개를 아래위로 흔들며 야단치듯 사납게 짖기에 엄마 방으로 들어갔더니 그제야 조용해지며 침대 앞에 조용히 엎드린다. 친정 엄마도 배려심이 지나쳐 때론 미련하시기까지 해 속을 태우는데 몸살이 나서 열이 펄펄 끓어오르는 것을 가족들은 아무도 눈치를 못 챘었다. 깜짝 놀라 상비약으로 두었던 쌍화탕을 데우고 해열제를 찾아 응급처치를 하고 나서야 여울이 마음을 알게 되었다.

그 작은 엉덩이가 아팠을 텐데 끝까지 엄마의 상황을 알리려 했던 여울이 마음이 사람보다 낫다 싶었다. 아니 솔직히 여울이가 사람보다 나을 때가 있다. 엄마에게 여울이는 친손주 그 이상이었다. 엄마의 기분에 따라 여울이의 기분도 달라지고 여울이의 상태에 따라 엄마의 마음도 달라졌다.

엄마한테 여울이 수술 소식을 알리기가 무척 망설여졌다. 하지만 어차피 아시게 될 일, 말씀드리기가 무섭게 안절부절 병원에 가자고 보채시며 여울이 간식을 챙겨들고 나서는 뒷모습이 어찌나 황망해 뵈는지 그간 자식한테 얻지 못하는 위안을 여울이에게 깊게 의지했었구나 하는 죄스러움에 마음이 무거웠다.

링거를 꽂고 마취가 덜 풀려 비몽사몽인 상태에서도 할머니 목소리에 벌떡 일어나 앉은 여울이는 눈을 동그랗게 뜨고 낑낑거렸다. 농양이 가득 차 적출한 자궁과, 난소 난관을 절제한 사진을 보여 주는데 가슴이 어찌나 먹먹하던지. 남자 친구 한번 만나지도 못하고 여자의 기능을 상실한 여울이를 보는 마음이란 참. 내일 여울이가 퇴원하면 먹인다고 간식을 잔뜩 산 엄마, 의사 선생님은 선물이라며 간식 값을 극구 사양한다.

여울이의 퇴원을 기다리는 시간이 그리 더딜 수가 없었다. 다음날 오후 5시가 되니 엄마는 여울이를 기다린다며 먼저 현관문을 나서신다. 가족을 보자마자 낑낑대는 여울이, 며칠 굶은 데다 수술을 한 여울이는 그 작은 체구가 더 작아지고 야위었다.

비척이던 아이는 오자마자 정신없이 물을 들이 키고 소변을 본 후 엄마 곁에 가만히 엎드린다. 가족들에게 둘러싸인 여울은 밭은 신음소리를 내다 잠이 든다. 언제까지일지 알 수는 없지만 우리 가족들과 함께하는 그 시간이 여울이에게 가장 행복하고 따듯한 시간이길 소원하며 여울이의 보양식을 만들기 위해 가스 불을 켰다. 그리고 이 작은 아이에게 깊은 고마움과 사랑을 전한다.

고욤의 유혹

"오빠아~"

다급하게 오빠를 부르며 얼음판으로 도망치는 꼬맹이,

"이놈의 기집애 거기 안 서! 잡히기만 해봐라."

고래고래 소리를 지르는 시골처녀와 꼬맹이의 전쟁 시작이다. 처녀는 꼬맹이의 고모다. 잽싸게 오빠의 외발 썰매에 올라타고는

"오빠 달려! 빨리빨리, 잡히면 죽어."

꼬맹이의 성급한 목소리에 오빠는 씨익 웃으며 썰매 지팡이를 힘껏 얼음판에 내리꽂는다. 쌩쌩 달리는 썰매, 그 뒤를 쫓는 처녀, 유리보다 더 반들반들하고 미끄러운 얼음판에서 꼬맹이를 잡으려고 이리 미끄러지고 저리 미끄러지며 안간힘을 쓴다.

"메롱 메롱! 나 잡아봐라 헤 헤 헤 헤!"

오빠 썰매를 배경 삼아 뒷심이 든든해진 꼬마는 시골처녀

약 올리느라 얼굴까지 벌개 가지고 신이 났다. 약이 오를 대로 올라 버린 처녀 주위를 빙빙 돌면서 잡힐 듯하면 도망치고 또 도망치면서 약 오름의 절정을 맛보게 해준 뒤 해가 어둑어둑해질 무렵에야 고뿔이 더 심해져서는 집으로 돌아갔다.

시골처녀에겐 다섯 명의 조카가 있었지만 유달리 세 번째 조카인 꼬맹이에 대한 사랑이 남달라서 어딜 가도 껌 딱지처럼 늘 붙여 다니곤 했다. 삼단 같은 머리를 참빗으로 빗어 곱게 땋아내려 빠알간 댕기로 치장을 해주고 날마다 이쁘다고 쪽쪽 거리며 업고 안고 난리도 아니었다. 동네 사람들이 그랬다. 남들이 보면 처녀가 애 낳아서 기르는 줄 알겠다고. 아무리 조카라지만 어찌 저리 이뻐할 수가 있냐고.

그런 고모가 만만하기도 하고 좋기도 하고 지겹기도 했던 꼬마는 틈만 나면 고모를 골탕 먹이기 일쑤였다. 태어나면서부터 유난히 병치레가 잦았던 꼬맹이는 약을 달고 살았고 약 먹기 싫어 떼를 쓰면 어디선가 마법처럼 고모의 항아리가 나타났다. 그 항아리 속에선 꼬맹이의 떼를 잠재우고도 남을 만큼 달달 하고 오묘한 그러면서도 끈적끈적하고 새카만 고욤 한 숟가락이 등장하곤 했다

고욤은 가난한 시절 동지섣달 긴긴 밤에 먹는 군것질거리였는데 된서리 맞은 고욤을 따서 오지항아리에 담아 두면 단

물이 나와서 얼었다 녹았다를 반복하면서 조청처럼 까맣게 변해 진득거리는데 그 달달한 맛은 세상 그 어느 맛과도 비교할 수 없을 만큼 환상적이었다.

집에서 유일하게 고욤을 먹을 수 있는 특권을 부여 받은 꼬맹이는 고욤 항아리를 끌어안고 오빠나 언니 동생들에게 인심 쓰듯 가끔 한 숟가락씩 줄 세워 떠먹이곤 하는 거만함도 잊지 않았다. 고욤 항아리는 고모가 기거하는 방 시렁 위에 아슬아슬하게 얹혀 있어 꼬맹이 손으로는 도저히 닿을 수가 없어, 오빠나 언니를 불러 항아리를 내리게 하고 고모에게 일러바치지 않는다는 약속하에 고욤을 한 숟가락씩 먹곤 했다.

그날도 처녀는 몇 날 며칠 고뿔이 낫질 않아 열이 오르락내리락 하는 꼬맹이를 간호하다 어른들과 조치원 읍내에 잠깐 다녀오겠다며 나갔다. 두 동생은 너무 어려 엄마랑 고모가 하나씩 들쳐 업고 읍내로 향했고 언니랑 오빠는 얼음판에 썰매를 타러 나갔는지 보이질 않았다.

고모는 맛있는 풀빵을 사다 준다며 금방 돌아올 테니 절대 밖에 나가지 말라며 신신당부를 했고 꼬맹이는 생글거리며 알았다 했지만 머릿속엔 간질간질 장난꽃이 만개하고 있었다. 혼자 남은 꼬맹이는 흔치 않은 이 기회를 어떻게 써먹을까 생각하다 아랫집 순이네로 내달렸다.

주막에 마실 가신 아버지가 돌아오시면 분명 고뿔 걸린 조카를 두고 나간 고모에겐 불호령이 떨어질게 뻔했고 고모는 그게 두려워서 신신당부를 한 건데 고모가 싸리문을 나서는 순간 이미 꼬맹이의 머릿속엔 다른 세상이 펼쳐지고 있었다.

아랫집 순이에게 고욤을 주겠다고 꼬드겨 집에 데려왔는데 시렁 위에 있는 고욤을 내리는 게 문제였다. 베개를 쌓아도 보고, 순이가 엎드리고 꼬맹이가 올라서도 보고 이불을 모두 끌어다 올라가도 보고 했지만 묘책이 없었다.

별짓을 다하다 고모가 돌아올 시간이 되어가는 것 같아 마음은 급해 죽겠고 혹시나 싶어서 광으로 들어가 항아리란 항아리는 죄다 열어보았다. 어머나! 세상에 이게 무슨 일, 그 많은 항아리 중 하나에 고욤이 가득 들어 있는 게 아닌가. 꼬맹이와 순이의 심장은 콩닥콩닥 요동을 쳤고 둘은 낑낑거리며 항아리를 마루로 옮겼다. 까맣게 농익어 버린 고욤은 순이를 미치게 하는 데 충분했다. 침까지 흘리며 고욤 한 숟가락만 달라고 하는 순이에게 꼬맹이는 약을 대신 먹으면 주겠다고 했다.

알약을 빻아 가루로 만들어 흰 종이에 싼 약을 들이밀자

순이는 입안에 털어 넣고 컥컥 거리며 허연 가루를 코로 입으로 뿜어내며 쓰다고 울기 시작했고 꼬맹이는 놀라서 얼른 고욤 한 숟가락을 순이에게 먹이자 고욤 맛에 놀란 순이가 한 숟가락만 더 달라고 떼를 쓴다. 두려움과 장난의 경계에서 잠시 갈등하다 과감하게 순이에게 약 하나 더 먹어야 준다고 말하는 꼬맹이, 이미 순이는 치명적인 꼬드김에 빠져있는 터라 오만상을 찡그리며 약을 하나 더 털어 넣는다.

꼬맹이는 고욤을 한 숟가락 떠 주고 순이에게 다시 약을 하나 더 들이 미는데 갑자기

"아니 저 가시나가 미쳤나 어머! 어머! 이게 웬일이여."

놀라며 뛰어오는 고모, 순이도 신발을 벗은 채 도망가고, 꼬맹이도 놀라서 걸음아 날 살려라 도망치다 썰매를 타고 있는 오빠를 보고 무작정 뛰어 들었던 게다. 엄동설한에 고뿔 걸린 몸으로 고모를 골탕 먹이려던 꼬맹이는 밤새 고열에 시달리며 헛소리까지 해댔고, 순이는 복통으로 데굴데굴 구르다 혼절을 했었다. 동네 돌팔이 의사한테 업혀가 정체 모를 주사를 맞고 깨어난 순이의 이야기는 바람을 타고 시골 동네 방네를 누비며 다녔고 뜻하지 않게 돌팔이 의사는 명의로 탈바꿈을 했다.

요즘 세상에야 흔하디 흔한 게 간식거리고, 널려 늘어져

있어도 다이어트니 에스라인이니 하며 거부하는 세상이지만 우리가 자랄 적만 해도 먹거리가 궁해 하루 세끼 먹는 것도 호사였었다. 게다가 대가족이 함께 사는 경우가 대부분이어서 밥 때가 되면 끼니거리 걱정에 속이 타들어 갔을 엄마의 심정을 누가 헤아렸을까. 어느덧 꼬맹이는 지천명에 이르렀고 조카에게 퍼부었던 사랑을 손주들에게 내리쏟으며 손주 바보가 된 시골 처녀는 이순을 넘어 종심으로 달리고 있다.

진외가 댁 할아버지

툇마루에 커다란 시루가 올라앉는다. 시루에서 안마당을 지나 바깥마당까지 새하얀 소청이 펼쳐지더니 마당 끝에 있는 감나무 아래서 멈춘다. 귀신 오는 길 터주는 중이란다. 박수무당 손에 잡힌 대가 흔들린다. 딸랑거리는 요령소리, 대에 끌려 헛간으로 변소로 부엌으로 두엄 밭으로 뛰어 다니며 알 수 없는 소리를 지껄인다.

아버지의 노름빚으로 전 재산을 탕진하면서 이리저리 옮겨 다니다 마지막으로 정착하게 되는 곳이 진외가 댁이다. 지금도 가끔 그 집이 꿈에 보이곤 하는데 내가 쓰던 사랑방은 꽤나 운치가 있었다. 널따란 방은 앞산을 향해 문이 나 있고 아랫목에서 사선으로 난 벽엔 앉은 자세로 밖을 내다볼 수 있는 쪽문이 있었다. 그 쪽문을 열면 희옥이네 뽕나무 밭이 바로 보였다.

뽕나무 밭은 내 꿈의 바다였다. 사계절의 변화를 뚜렷이

볼 수 있던 쪽문 밖 세상은 내 상상 속에서 자유롭게 넘실거렸다. 난 아주 부잣집 귀한 딸이고 도시에서 살고 있다. 내방에 피아노가 있고, 내 길고 하얀 손가락은 피아노 건반 위에서 자유롭게 춤을 춘다. 눈을 감고 있노라면 꿈의 바다가 파노라마처럼 펼쳐지며 난 상상 속에서 쉽게 헤어 나오질 못했다. 불현 듯 눈을 뜨면 쪽문 사이로 햇살이 가득, 바람이 살랑, 투둑 땡감이 떨어지고 잎이 진 뽕나무 밭 건너 앞산엔 형형색색의 단풍이 물들다 이내 함박눈이 쏟아지곤 했다.

"언년아!"

지나치리만큼 수줍음이 많았던 날 끔찍이도 예뻐 하셨던 진외가 댁 할머니는 군불을 지피실 때면 할머니 곁에 날 앉히시고 커다란 항아리에서 농익은 홍시를 꺼내 주며 옛날이야기를 들려주셨다. 학교를 오가는 길목 중간쯤 마을에 있던 진외가 댁을 쥐 방구리 드나들 듯 했던 내겐 참으로 편안하고 푸근한 공간이었다. 할머니는 어린아이만큼 작은 체구에 인정이 넘치시는 분이었지만 당당하기가 여장부 같았고 못볼꼴을 지나치지 못하시는 할머니의 불같은 호령소리가 가끔 동구 밖을 넘나들기도 했다. 동네에선 어느 누구도 감히 할머니 앞에서 제대로 허리를 펴지 못했다.

외아들에게 북풍한설 몰아치듯 매섭게 야단치시는 걸 여

러 번 보았는데 한겨울에 밤이 이슥하도록 돌아오지 않는 아저씨(할머니 아들이 내게는 아저씨뻘 이었다)를 기다리던 할머니는 아저씨가 집에 들어오기가 무섭게 호통을 치며 바지를 벗기고는 구정물을 뒤집어 씌우셨다. 그때 고등학생이었던 아저씨는 한마디 말대꾸도 없이 묵묵히 벌을 받고는 할머니께 용서를 빌었다.

반면 키가 장신이며 허연 구레나룻이 신령님처럼 보였던 할아버지는 말씀은 별로 없으셨는데 놀러갈 때마다 주머니에 먹을 걸 넣어주시거나 까까 사먹으라며 조막막한 손에 동전을 쥐어 주셨다.

지나치게 푸른 하늘, 따가운 햇살이 눈부신 가을날 오후의 내 또렷한 기억. 그날아침 진외가 댁에 오지 말라는 엄마의 말씀을 까맣게 잊고 집으로 가는 길목 중간쯤에 있는 할머니 댁에 놀러갔다. 삼베옷을 입은 사람들이 삼베 두건을 쓰고 허리엔 동아줄처럼 굵은 밧줄을 동여매고 지팡이를 짚고 통곡을 하고 있었다. 마당에선 키가 구척이신 할아버지에게 하얀 옷을 입히고 손발을 묶고 삼베 같은 천으로 몸을 엮더니 수염엔 창호지를 바른 후 멍석으로 말고 있었다.

할아버지가 돌아가셨단다. 죽음이란 게 무언인지조차 알지 못하던 내게 할아버지의 부재가 늘 궁금하고 이상했다.

나중에 내가 쓰게 될 사랑방엔 할아버지 상청(喪廳)이 차려지고 49제를 지낸다고 아침저녁으로 술잔을 따르며 돌아가신 할아버지의 혼을 위로해 드렸다.

광목 같은 하얀 천으로 쳐진 막을 걷으면 다리가 기다랗고 어른 허리 높이만큼의 상 위에 할아버지 영정이 보였는데 으스스한 게 음산하여 어른들도 선뜻 들어가기를 꺼려하셨다. 산자와 망자는 사진부터 느낌이 달랐다. 매일 아침 생전에 할아버지가 좋아하시던 음식들을 차려 넋을 위로하는데 가끔 할머니는 할아버지께 인사드리고 오라며 떡이나 과일을 손에 쥐어 주시는데 난 방에 들어가기도 전에 놀라서 소리를 질렀다.

어릴 적 시골에선 사람이 죽으면 개로 환생한다고 믿는 사람들이 많아서 개를 조상님이라고 함부로 하지 않는 풍습이 있었다. 더구나 불교신자들은 개고기를 먹으면 화를 입는다는 믿음이 강해 뉘 집 아들은 개고기를 먹어서 교통사고를 당했고 누구는 물에 빠졌고 하는 등등의 이야기를 자주 들었다.

시골에서 진혼굿은 흔히 볼 수 있는 풍경이었는데 대부분 마을에 방죽이 있다 보니 해마다 안타까운 익사사고가 발생을 했다. 몇 달이 되도록 시신을 찾지 못하는 유족들은 용한 무당의 힘을 빌려 넋 건지기 굿을 통해 그 한을 풀어주고 수중고혼(水中孤魂)의 저승 천도를 위한 의식을 행하곤 했는데, 그 깊고 넓은 방죽에서 건져 올리는 망자의 머리카락은 어린 내겐 설명할 수 없어 소름이 끼치도록 두렵고 공포스런 미스터리 중의 한 부분이었다.

온 동네 사람들이 다 모여 시끌벅적한 가운데 정성스럽게 차려진 제사상은 안방을 차지하고 댓돌위에 신발들도 다 치워졌다. 마당에 있던 닭장도 어디론가 자취를 감추고, 외양간에 소는 옆집으로 끌려가고, 대추나무엔 오색찬란한 천들이 나부낀다.

모락모락 김이 피어오르는 떡시루는 장정들의 손에 들려 툇마루를 차지하고 하얀 소복을 입은 할머니와 무당은 소청을 펼쳐 떡시루위에 고정을 하고 안마당을 거쳐 바깥마당을 지나 커다란 감나무 아래까지 펼쳐 내려간다. 귀신이 오는 시간이라며 처마 끝에 달린 남폿불이 꺼지고 곱디고운 쌀가루가 채에 담겨 감나무 아래 소청이 끝나는 부분에 놓여진다. 감나무 주변을 에워싼 사람들,

어른들의 커다란 손이 아이들 입을 막고 칠흑 같은 어둠속에 얼마간의 정적이 흐른다. 별안간 불이 켜지며 어른들은 감나무 아래로 모여든다. 하얀 쌀가루 위엔 바람에 스치

듯 선명하게 난 네 개의 개 발자국. 박수무당의 몸놀림이 부산해졌다. 미친 듯 마당을 뛰던 박수무당의 몸놀림이 얌전해지며 감나무 아래 술잔이 놓이고 할머니의 두 손이 정성스럽게 모아진다.

예나 지금이나 신앙이 있던, 없던 상관없이 선과 악이 존재하며 선한 끝은 있지만 악한 끝은 없다고 어른들이 늘 말씀을 하셨다. 내세, 천국, 연옥, 지옥 종교마다 조금씩 다른 이름으로 부르는 이승을 넘어 선 저 세상을 지칭하는 단어들은 어쩌면 자신의 모습을 돌아보게 하는, 그래서 스스로 삶에 대한 성찰을 하게 하는 건 아닐까.

불교에서는 권선징악을 넘어 선 해탈의 차원에서 윤회설을 강조하지만 윤회는, 영원히 열반이나 극락에 들지 못함이니 어쩌면 괴로움의 원천으로 여겨지기도 한다. 조상이 잘되어야 후손이 잘된다는 믿음은, 시대의 변화와 무관하게 대부분의 사람들에게 신앙처럼 새겨진 진리이다.

49제가 끝나고 얼마 지나지 않아 할머니랑 아저씨는 서울로 아주 상경을 하고 우린 진외가 댁으로 이사를 했다. 개로 환생하신 할아버지께서 다시는 이승에서 정처 없이 떠돌지 않고 편안히 열반에 들길 간청하는 할머니의 극진한 기도는 아마도 오래도록 후손에게 덕으로 베풀어질 것이다.

팬티 외출하다

"어머나 이 서방 왜 저러고 다니냐? 눈뜨고 도저히 못 보겠으니 빨리 방으로 들여보내. 원 세상에 처고모 앞에서 망측스럽게 뭐하는 짓이야."

"그거 빤스라고 했지. 반바지 아니고. 빨리 반바지로 못 갈아입어요? 보는 사람이 창피해 죽겠어 정말."

"이게 반바지지 어떻게 빤스냐? 난 이게 시원하고 편해서 입는데 다들 왜 그래?"

트렁크 팬티를 입고 거실을 활보하는 남편, 그녀의 친정어머니는 사위의 망측스런 모습에 방문을 걸어 잠그시고 사위가 없을 때 나와서 일을 보신다.

"이 서방은 대체 생각이 있는 사람이냐 없는 사람이냐. 어지간해야지. 그렇게 다들 빤스라고 하는데 고집을 필걸 펴야지 해괴망측해서 원."

그녀의 이웃에 살던 지인이 집안에 사정이 생겨 파이프

오르간을 한동안 그녀의 집에 맡겼었다.

아파트 키까지 빌려주고 감각을 잃지 않도록 그녀 집에서 피아노를 연습하는 것까지 허락하는 통 큰 인심을 보였다.

수시로 그녀 집에 드나들면서 피아노를 연습하던 지인은 얼마 후에 형편이 나아져 이사하면서 고맙다며 그녀 남편의 트렁크 팬티를 사 온 것이다. 탄력 있고 쫀쫀하게 살을 조이는 삼각팬티를 즐겨 입던 남편은 바람이 술술 통하는 팬티에 맛 들여 즐겨 입더니 하루는 팬티를 요리조리 살펴보다 결론을 내린다. 이건 틀림없이 반바지야.

허벅지 위로 깡충 올라간 팬티는 다리라도 벌리고 소파에 앉아 있을라치면 불룩하게 솟은 중요한 부분을 아낌없이 보여주는 친절을 베풀었다. 남편 고집을 꺾느니 지나가는 동네 강아지에게 말을 시키는 게 숫제 낫지 고집도, 고집도, 당할 자가 없는 남자. 결국 두손 두발 다 든 식구들, 집안에서 입는 것까진 좋은데 밖엔 절대 나가지 말라고 신신당부를 했다.

“그 집 아저씨 테니스장에서 팬티 입고 뛰어다니던데 ㅋㅋㅋ”

“어머, 어머, 뛰다가 벗겨지면 어쩌려고 이 인간이 정말.”

“어제 테니스장에 빤스 입고 나갔어요?”

"빤스 아니라니까 참. 시원하고 색깔도 좋더만. 아니 내가 반바지라는데 왜 자꾸들 그래?"

어머. 이젠 화까지 낸다. 그녀의 고모들이 콧바람 쐰다고 놀러왔다가 팬티만 입고 거실을 활보하는 조카사위를 보고 기겁을 했던 게다. 누구의 말도 듣지 않는 그녀의 남편은 만행을 멈추질 않는다.

평상시에서 이해하기 힘은 사고방식의 소유자, 참으로 독특한 뇌 구조다. 단골미용실에서 파마를 하던 그녀, 미용실 원장이 그녀 귀에 대고 속삭인다.

"어머 언니! 아저씨 빤스 입고 오셨어요."

화들짝 놀란 그녀는 고갤 돌린다. 미용실 문을 빼꼼이 열고 선 그녀 남편은

"자기! 열쇠 줘~"

"미용실 원장님이 그거 빤스라잖아. 빨리 집에 못 가요."

"엥 진짜? 빤스가 맞나보네."

삼십육계 줄행랑을 치는 남편.

"질렸다 질렸어. 남이 빤스라니까 믿고 마누라가 하는 말은 못 믿고. 테니스 치러는 몇 번이나 가셨을까. 한번 홀라당 벗겨졌어야 정신을 차렸을 텐데."

부끄러운 줄도 모르고 해맑게 웃으면서 하는 말,

"난 진짜 반바지인 줄 알았어. 얘기 들어보니까 나 같은 사람 많더라. ㅎㅎ"

제3장

들꽃 같은 아내 바람에 묻고

천지개벽을 알리는가. 잿빛 구름을 비집고 쏟아지는 햇살, 눈이 부시다 옥상 난간에 사람이 서 있다. 바람이 분다. 하얀 수의를 흔든다.

"고마워요."

다시 햇살 속으로 사라져간다 꿈이다. 2001년 가을쯤 지인에게 소개 받아서 종신보험을 체결한 고객이다 종신보험 열풍이 한창이던 그때 사업에 어려움을 겪던 고객을 만나 재정 상황을 듣고 최종적으로 종신보험의 필요성을 알렸다. 배우자와 딸이 있고 수억 원의 부채가 연결리듯 걸려 있는 상황이었다. 단돈 만원도 여유가 없다는 고객님을 설득한다.

"현재 사업을 하시는데 재정난에 허덕이시고 부채도 많습니다. 그렇기 때문에 고객님은 무슨 수를 쓰시더라도 종신보험을 가입하셔야 합니다. 사업도 어려우신데 만일에 고객님에게 질병이 찾아오거나 사고라도 당하게 되면 당장 치료비는 물론이고 생활비 한푼 없이 가족들은 바로 거리로 나 앉게 됩니다. 원치 않게 하늘나라로 부득이 먼저 가셔야 하는 상황이 된다면 고객님은 가족들에게 빚더미를 선물로 남기고 가셔야 하는데 이런 상황을 원하시는 건 아니시죠?"

나의 끈질긴 설득에 청약서에 자필을 하는 고객님 얼굴에 그림자가 스친다. 사망 時 상속인을 결정하지 못하고 깊은 생각에 잠겨있다. 특별한 경우 아니면 대부분 배우자로 상속인을 결정하는데 말 못할 사연이 있는 게 분명하다 싶어 더 이상 묻지 않고 일단 법정상속인으로 결정한다. 자필한 청약서를 꼭 쥐고 내어주지 못하는 고객님,

"또 무슨 문제가 있으신가요?"

"제가 청약을 하게 되면 선생님께서 엄청 시달림을 받게 될 것입니다. 와이프가 의부증이 심해서요."

"걱정하지 마세요. 사장님. 그 문제는 제가 해결하겠습니다. 누구냐 묻거든 초등학교 동창 마누라라고 하세요. 저희 남편에게도 말해 놓겠습니다."

"죄송합니다. 집안이 좀 복잡합니다. 어릴 적 엄마가 돌아가셔서 새어머니 밑에서 성장했습니다. 그래서 보란 듯이 부자가 되고 싶었는데 세상 참 살기 힘이 드는군요."

종신보험 1억을 체결하신 고객님 등 뒤로 세상의 갖은 무

거움이 내려앉는다. 세상은 참으로 흥미롭기 그지없다. 부인이 전화할거란 고객님 말을 까맣게 잊고 있었는데, 사무실로 전화가 걸려 왔단다. 2015년 현재 안양 지역 단장님으로 재작하시는 '전왕규' 단장님께서 그 당시 우리 지점장님이셨는데 누군가와 통화하는데 내 이름이 수시로 들락거린다. 오호 고객님 부인이다.

"무슨 말씀인지 잘 모르겠습니다. 우리 황 팀장님은 안양 지역을 통틀어 설계도 제일 잘하시고 자기관리가 철저한 분입니다. 아무리 고객님이라 하셔도 그렇게 말씀하시면 제가 화내겠습니다."

"제 전화죠 소장님?(지금은 소장이란 직책이 지점장으로 한 단계 업그레이드되었다)"

"신경 쓰지 마셔. 좀 이상한 여자예요. 자기 남편이랑 팀장님이랑 무슨 사이냐고 묻는데 정신이상자 같기도 하고. 기분나빠 죽겠네. 감히 우리 황 팀장님한테 까불어."

고객님께 부인 전화번호를 물어 전화를 건다.

"OOO 고객님 사모님이시죠? 저는 대한생명에 근무하는 황성자 팀장이라고 합니다. 궁금하신 게 있으셨나 봐요. 언제든 전화 주시구요 우리 잘 지내봐요 사모님."

"근데 우리 남편하고는 무슨 사이예요?"

‘허걱! 아이고 머리야.’

“아 네 저희 남편이랑 초등학교 동창이라고 하는데 저는 사장님 얼굴도 못 뵈었어요. 남편이 어느 날 청약서에 사인을 받아 왔더라구요. 안 그래도 궁금했었는데 언제 한번 꼭 뵈어요. 사모님.”

심하게 안도하는 느낌이 목소리로 전달된다.

“아 네 고맙습니다.”

인사까지….

심심하면 같은 말로 피곤하게 괴롭히기를 일상으로 삼다 몇 달은 잠잠하더니, 다시 사무실로 수시로 전화를 걸어 같은 질문을 반복하는 그녀는 일명 7차원 아주머니로 유명해졌고, 전화가 안 오면 여직원도 소장님도 올 때가 되었다며 은근히 기다리는 눈치였다. 그럭저럭 1년이 지났나 보다. 그녀의 전화다.

“왜요? 사모님? 이번에 뭣 때문에요? 또 무슨 사이냐구요?”

‘히힛’ 묘한 웃음소리를 던지며 끊는다.

다시 전화, 끊는다. 인내심의 한계를 시험하던 그녀에게 “말씀 안 하시고 전화 또 끊으면 이 시간 이후로 절대 안 받아요. 그리고 저 화 많이 났으니까 이젠 장난치지 마세요.”

라고 정색을 하며 무겁게 야단을 치니

"고맙습니다. 히힛."

또 끊는다. 어휴 내가 미쳐 정말. 참다 못해 고객님께 전화를 건다.

"우리 마누라 이해하세요. 이번엔 정말 고마워서 그래요. 제가 간암 말기랍니다. 아주대 병원에 입원했는데 우리 마누라가 선생님한테 인사를 하고 싶다고 해서 제가 전화 드리라고 했습니다."

아니 이제 겨우 40대 초반인데 간암 말기라니, 너무 놀라 병원으로 달려갔다. 그 동안 허리가 너무 아파서 동네 한의원을 전전하며 다니다 병을 키웠다고 한다. 그의 남은 시간은 한 달 남짓, 병원에서 마주한 그의 부인은 상상보다는 훨씬 더 순진하게 생겼다. 그녀의 손을 잡고 위로를 건네는데 환자를 옆에다 두고 한다는 말이

"나 1억 갖고 못 살아요. 저 사람 죽으면."

휴우 정말 뭐 이런 여자가 다 있나. 손을 잡고 병실 밖으로 끌고 나온다.

"이것보세요 사모님. 무슨 말씀을 그렇게 해요. 죽어가는 사람 앞에서 이거 가지고 못 산다니요? 말씀 다 하셨어요? 아무리 사람이 모자라도 그렇지 기가 막혀서 원."

"나 정말 못 살아요. 그 돈 가지고."

"아 정말 이분…."

다시 병실에 들어가니 고객님

"내가 오죽하면 병에 걸렸겠어요. 그나저나 법정 상속인으로 되어 있는 건 제가 죽으면 어찌 되나요?"

"우선 순위는 직계비속, 직계존속, 형제자매, 사촌 이내의 방계혈족 순이고 배우자는 직계비속과 직계존속이랑 동등합니다. 직계비속과 직계존속이 없으면 배우자 단독상속이 되구요. 현재는 배우자랑 따님인데 따님이 미성년자라 따님 몫은 후견인에게 갑니다. 어차피 엄마가 후견인이니 정하지 않으셔도 사모님이 상속인이 됩니다."

"제가 죽어 보험금이 나오면 그 돈으로 부채를 상환해야 하나요?"

"아닙니다. 상속인을 지정해 두시면 그 돈은 고객님 자산이 아니라 상속인의 고유한 자산이 되기 때문에 부채와 상관이 없습니다. 그리고 한정승인을 하시면 가진 자산만큼만 상환하시고 나머지 부채를 상환하시지 않아도 됩니다."

가느다란 날실 한 줄에 생명을 걸고 있는 고객 앞에서 차마 할 짓이 못 된다. 한참을 골똘히 생각하던 고객은 상속인을 지정해야 하겠다며 고객센터까지 동행을 요청했다. 모르핀을 꽂은 고객을 구급차에 태워 고객센터를 방문해 부인으로 상속인을 변경하고 나오는데 착잡함에 만감이 교차한다. 청약할 때 딱 한번 본 고객인데 먼 길 떠날 채비를 해줘야 하는 현실이 못내 안타까웠다. 상속인 지정한 후 뭐가 이렇게 찜찜하고 석연치가 않은 건지 불안했다.

"새어머니가 어제 오셔서 귓속말로 빚 갚고 가라 이놈아! 하시는데 빨리 죽어야겠단 생각 밖에 안 드네요. 그래도 다행이에요. 병원비 해결하고 1억이라도 남겨주고 가니."

며칠 후 꿈에 나타나 하얀 수의를 흔들며 인사를 하는 고객의 모습에 놀라 부인에게 전화를 거니 이미 장례까지 다 치르고 삼우제 중이란다. 보험금 수령을 도와주기 위해 집을 방문 했다. 작은방에 웅크리고 앉아 있는 가녀린 여자 아이. 제발 라면 하나만 끓여 달라는 아이에게 소리를 치는 여자.

난 이 어이없는 상황이 이해가 되질 않았고 엄마라는 본능에 여자(고객부인)에게 라면을 끓여주기 전에 보험금 수령 절차를 안내하지 않겠다며 화를 냈다. 며칠 굶은 아이처럼 라면을 흡입하더니 여자아이는 다시 방으로 들어가 구석에 쪼그리고 앉는다. 부채가 많은 탓에 한정승인으로 상속절차를 마무리 해주고, 지급되는 보험금으로 부채를 상환해야 한다며 타사에서 보류해 둔 보험금까지 해결해 주었다. 90도 인사로 지나친 고마움을 표하며 다음 주에 큰 계약을 하겠단다.

그래도 일말의 양심은 있나 싶어 일주일 후 전화를 거니 결번이다. 집에 찾아가 벨을 누르니 낯선 할아버지가 나오신다. 남편이 세상을 뜨기가 무섭게 바로 이사를 했는데 어디로 갔는지는 알 수가 없단다. 며칠만 기다리면 성인이 되는 딸을 상속인으로 지정하라고 고객을 그리 설득했었는데.

이 몹쓸 놈의 후회! 천사의 직업이며 하나의 신앙과도 같은 존재라 여겼던 내 일, 문득 회의가 든다. 수의를 흔들며 고맙단 인사를 했던 고객은 저 세상에서도 가슴 아픈 시절을 보내는 건 아닌지.

자다가도 떡이 나와요

"이런 싸가지가 없는 녀석 같으니라구."

"뭐라구요? 오빠가 더 싸가지가 없어요."

"아아 왜들 이러세요. 참으세요, 참아. 반가운 사람끼리 오랜만에 만나서 왜들 이래요."

부사장님의 만류로 휴게실에 들어와 분을 삭인다. 어릴 적 아래윗집에 살면서 내 집인지 네 집인지 분간이 안 갈 정도로 가족끼리 서로 막역하게 지내던 동네 오빠다. 여고 졸업 후 20여년 가까이 한번도 얼굴을 본적이 없다가 언니가 세상을 떠나던 날, 구로동 성당에 마련된 빈소에 오빠가 찾아와 해후를 했었다. 성모상 앞에서 하염없이 담배를 피던 오빠는 날 발견하곤 멋쩍게 웃는다.

"넌 뭐 하냐?"

"직장 다녀요."

"어디?"

"대한생명에요."

"한번 와라. 사무실에."

명함을 건넨다. 반가운 마음과 실적에 대한 기대감으로 바로 찾아가고 싶었지만 꼴 난 자존심에 6개월이 다 되도록 소식이 없으니 오빠가 사무실로 부른다.

"한번 오라니까 왜 안 오고 말을 안 듣냐 임마. 뭐 하나 해 가지고 와라. 30만 원 정도 되는 걸로."

어릴 때부터 심성이 곱고 인정이 많았던 오빠, 벤처사업으로 성공한 오빠의 변신은 놀라울 정도로 유쾌했다. 금고에서 증권함을 꺼내오는데 보험료는 상상 이상이다.

"나 죽으면 20억 나오고 나나 내 가족이 아파도 병원비는 다 해결 할 수 있으니까 그냥 특약은 다 빼고 하나 해라."

'그건 아니죠.' 속으로 뇌까린다.

사람마다 설계의 마인드가 다르고 포인트가 다르다. 우선 난 일반적인 고객님들께 1순위로 생존시 발생될 치명적 위험(가령 질병의 노출, 사고, 장해 등으로 인해 소득이 상실될 위험에 대비한 치료 자금과 생활비 확보)을 커버하고,

2순위로 유사시 가장의 사망으로 인한 경제적 리스크(자녀의 학업포기, 배우자의 취업, 부채 상환, 가족의 생활 자금)를 자산의 초석으로 세운 후,

3순위로 의술의 발달로 인해 점점 평균수명이 늘어나는 위험에 대한 해결책으로 노후자금을 설계하고, 자산가들에게 역시 이 방법을 먼저 설명을 드렸었다. 오빠의 증권 중 80%는 오직 사망 시에만 유효한 특약 없는 종신보험과 연금이 전부다. 아무리 계약을 위해서 오빠를 만났다고 해도 이렇게 설계된 보험과 같은 상품을 권유하고 싶진 않았다.

"오빠는 보험을 가입하는 이유가 뭐예요?"

"나 죽으면 식구들 편안히 살라고 하는 거다 임마."

"살아서 병에 걸리거나 다쳐서 오빠가 사업을 할 수 없을 때는요? 그 동안 번 걸로 다 쓰시게요?"

"말이 많구나. 우리 가족이 어떠한 위험이 닥쳐도 돈으로 해결할 수 있을 만큼 준비를 해 놨으니 네가 신경 쓸 일 아니다."

"오빠 정말 죄송한데 만일에 오빠가 아니 제가 이 보험을 가입했다고 가정을 해볼게요. 병원에 입원했어요. 일도 못 해요. 치료비가 필요해요. 보험금 한푼 못 받아요. 제가 죽어야만 보험금을 받을 수 있어요. 그럼 가족들은 저의 죽음을 위해 기도해야 할까요?"

"하라면 하라는 대로 할 것이지 여자가 뭘 안다고 까불고 있어. 집에서 살림이나 할 것이지 남편 돈 잘 버는데 무슨 사회생활을 한다고 기어 나와. 우리나라가 이래서 문제야. 시끄러우니까 특약 빼고 주 계약만 해. 다른 건 내가 다 알아서 할 테니까."

"오빠 무슨 말씀을 그렇게 하세요? 보험가입 안 하셔도 괜찮아요. 거기에 여자가 왜 붙어요? 오빠 생각은 어떨지 몰라도 내 생각은 달라요. 보장자산의 기본은 유사시 보장을 전제로 하고 나머지 자산을 채워야 한다고 생각하는데 만일에 오빠가 질병에 노출이 되시면 오빠는 그 많은 보험료를 지불함에도 불구하고 나오는 보험금은 사망보험금밖에 없다니까요.

가장 기본적인 목적을 무시하고 만일이라는 사태에 부딪혔을 때 과연 누가 잘못을 한 걸까요? 보험 가입하는데 전문가 말 무시하고 오빠 원하는 대로 해 달라면 네 좋아요 해드릴 수 있어요. 저야 좋죠. 그렇게 하면 수당도 많아요. 그렇지만 저는 싫어요. 나중에라도 오빠를 떳떳하게 뵙고 싶거든요. 보험 한 건 해줬다는 소리 듣기 싫어요."

"이 새끼가 순한 줄 알았는데 왜 이렇게 말이 많아. 쓸데없는 자존심만 강해가지고. 싸가지 없이."

"뭐라구요? 내가 보기엔 오빠가 더 싸가지가 없어요. 열심히 일하는 여자들을 왜 무시하세요?"

의견 차이와 사고방식이 가져다준 차이는 예상 밖이었다. 삼십대 혈기 왕성한 난 속이 뒤틀려 하지 말아야 할 말을 뱉어 버렸다.

"하지 마세요. 저 이거 안 하셔도 고객은 얼마든지 있어요. 이렇게 해드리고 나서 나중에 설계 못했단 소리 듣고 싶지 않아요. 차라리 안 하는 게 나아요."

청약서를 찢어서 쓰레기통에 처박고 나온다. 20여년 만에 만나서 나눈 대화가 고작 이건가. 더구나 일과 연관된 대화로 화도 나도 속도 상하고 기분이 영 엉망이다. 일반 고객이 이렇게 고집을 피웠다 해도 내 입장은 마찬가지였다. 참았어야 했는데 이내 후회가 밀려온다. 증권분석을 할 때 조심스러운 부분은 실상 고객의 입장에서 이야기를 한다 해도

"너 역시 너희 회사 상품이 제일 좋다고 하는구나. 너도 별 수 없이 똑같아."

란 오해를 불러올 수 있다. 물론 나 역시도 정의감에 불타서 고객을 위한답시고 고객 맘을 비틀어 논적도 어디 한두 번이겠는가. 엘리베이터를 기다린다. 해맑게 빛나던 하늘은 언제부터 비를 쏟고 있었는지 폭탄 터지는 소리를 내며 천둥을 부르고 있다.

"야! 기다려. 차 한 잔 하고 가."

더 이상 버티면 어리석은 거다. 휴게실로 따라 들어간다.

"아이고 새끼 참, 그 놈의 자존심은 하나도 안 변했네. 내가 어떻게 하면 되는데? 하라는 대로 할게 임마."

"아까도 말씀 드렸지만 보험이 은행저축과 다른 이유가 분명히 있잖아요. 예측 할 수 없는 미래를 보장받기 위해서인데 우리 삶에서 위험이 어찌 죽음만 있겠어요. 아무리 돈이 많다고 하셔도 사업이야 오늘 모르고 내일 모르는 거잖아요. 제 말대로 하시면 분명 언젠가 제게 고맙다고 하실 날이 있을 거예요 오빠. 화내서 죄송해요."

"청약서는 찢어서 없으니 내일 다시 와라. 내일 싸인 하마."

"아뇨 오빠. 혹시 몰라서 청약서 하나 더 가져왔어요."

"곰탱인 줄 알았는데 제법 여우로구나."

우여곡절 끝에 담을 하나 넘었지만 그 이후로도 철저히 수비가 둘러쳐진 오빠 가족의 담장을 넘기가 만만치가 않았다. 그로부터 딱 5년이 지난 어느 날.

"사무실에 한번 와라."

증권을 다 쏟아내며 나 죽으면 얼마 나오는지 보라는 오빠에게 연유를 캐니 얼마 전 삼성의료원에서 건강검진 받은 결과지를 내민다.

'신장에 명백한 종괴가 있음.'

신장 암 초기다. 두려움에 휩싸인 오빠는 그제서야 증권을 세세히 들여다봤던 모양이다.

"오빠 5년 전 기억나세요? 이 많은 증권과 이 많은 보험료를 납입함에도 불구하고 진단비가 나오는 보험은 오직 제가 설계한 것뿐이에요. 다른 보험은 오빠가 사망하지 않으면 현재는 무용지물이죠."

다행히 초기인데다 신장은 두 개 중 하나만 있어도 생활하는데 별 무리가 없기에 한 개를 적출하는 걸로 암 치료는 끝났다. 삼성의료원 특실에서 편안하게 휴식 같은 며칠을 보내며 오빠의 치료는 종료되고 하루에 32만원씩 지급되는 입원비, 수술비, 진단비를 합치니 병원비를 내고도 많은 돈이 남았다.

"집에 한번 와라."

오빠는 붕대로 칭칭 동여맨 배를 보여주며 언니에게 소리친다.

"애 밥 차려 줘. 그리고 그거 애 줘."

놀랍게도 언니가 들고 온 건 빳빳한 만 원짜리 지폐, 백만 원이다.

"이 세상 모든 설계사를 통틀어 네가 실력이 제일 뛰어나구나. 고맙다. 보너스 나갈 거니까 기다려라."

오빠의 엄지손가락이 하늘을 향한다. 돈도 돈이지만 실력을 인정받았다는 희열에 가슴이 타 버릴 것만 같았다. 아이들에게 이 소식을 전하고 싶어 방배동에서 과천을 지나 평촌까지 질주한다. 일주일 후에 집으로 과속 딱지가 날아든다. 과천에서 걸렸다.

며칠 후 그토록 넘기 힘들었던 오빠 가족의 보장자산의 담장을 순식간에 훌쩍 뛰어 넘었다.

그녀는 천사였다

"안녕하세요 아줌마, 저 별인데요 기억나세요?"

"아 그럼요."

"저 아기 낳아서 일주일 입원했는데 혹시 입원비 나오는 거 있어요?"

"어머 축하해요. 그럼요 나오죠. 챙겨줄게요."

"감사해요."

쌀쌀맞기가 북풍한설 몰아치는 한겨울 추위보다 더 차가운 그녀였는데 왼쪽 귀를 간질이며 전해오는 사근사근한 목소리에 나도 모르게 온 몸에 힘이 빠진다. 이 상황이 너무 신기해 그녀의 엄마에게 전화를 건다.

"어머머 언니 별 씨한테 전화가 왔는데 너무 친절해서 지금도 정신이 멍~해요."

"그려 글쎄. 그년은 나도 겁이 날 정도로 쌀쌀맞았는데 임신하고 나더니 갑자기 사람이 달라지더라구. 옛날에 별이가 아녀. 착해졌당께. 너무 겁먹지 마 ㅋㅋ”

아기 옷을 사 들고 산후 조리원으로 그녀를 찾아간다. 대기실에서 기다리는데 왠지 모를 긴장감에 피식 웃음이 난다. 사지로 끌려 온 것도 아닌데 왜 이러지.

“어머 추운데 죄송해요 여기까지 오시라고 해서.”

햇살 같은 미소로 날 반기는 그녀, 손까지 덥석 잡는다. 요즘 말로 ‘당황하셨어요?’ 딱 그 상황이다.

서류를 챙겨 들고 나오는데 뭔지 모를 웃음이 자꾸 새 나온다. 가슴을 누르던 돌 하나가 없어졌다. 그녀의 어머니와의 인연도 특별했다. 15년 전쯤이던가. 사무실로 걸려온 전화를 받게 되는데 상대가 누군지 확인도 안 하고 다짜고짜 욕 보따리를 풀어 헤친다. 육두문자가 난무하는데 옆의 사원들은

“누군데 재수없게 얼굴도 모르는 사람한테 욕지거리야. 받아주지 말고 끊어 바보야.”

끊을 수도 없는 난감한 상황이라 듣다 보니 한 시간, 고객님 기운도 좋다. 그런데 한 시간 이상 퍼부은 욕은 우리 회사가 아니고 타사에 대한 불만이었다.

“고객님 속은 다 풀어지셨어요? 그런데 어떡하죠? 여기는 타사가 아니고 대한생명인데요.”

“아 그래유? 미안해유 증말 미안해유. 이것도 인연인데 집

에 한번 놀러 와유 밥 해줄게."

화끈한 고객님의 성격이 목소리를 통해서도 전달된다. 댁으로 찾아뵈니 맛깔스럽게 차린 밥상을 내 오신다.

"왜 그렇게 미련해유. 듣다가 중간에 아니면 끊지 참 나."

그러면서도 내심 좋으셨던 모양이다. 하루 이틀 한 달, 두 달, 1년, 2년, 십 년 그분과의 친분은 친자매 이상으로 발전되어 사심을 나누는 사이가 되었다 일요일, 편안히 휴식을 취하며 아이들과 놀고 있는데 전화벨이 울린다.

"잠깐만 별 이가 바꿔 달라고 하는데 내가 아무리 말려도 안 되네. 뭐라고 해도 그냥 참아. 내 딸년이지만 독하기가 장희빈보다도 더해서 나도 말리다 전화 거는 거니까 이해해줘."

"당신 뭐 하는 여자야? 소장이라며? 소장이 그렇게 무능해? 그 정도 능력도 없어? 내 보험 다 푸르댕댕으로 바꿔 달라고 할 거니까 그렇게 알아. 건강검진 해주는 게 그렇게 어려워? 진짜 재수없어."

옆에서 가족들이 말리는 소리가 전파를 탄다. 온몸이 부들부들 떨리며 얼굴근육이 비틀어진다. 십여 년을 언니 동생 하면서 살갑게 지내오던 지인의 딸이 퍼부어대는 소리다. 너무 분해서 그 순간 마음 같아선 큰 욕을 해주고 관계를 청산

하고 싶었지만 늘 귀에 못이 박히도록 들어 온 말,

“세상에 버릴 사람은 하나도 없다. 세 번만 참으면 살인도 면한다.”

이빨이 다다다닥 소리를 내며 부딪친다. 마음을 가다듬어

“정말 미안해요 별 씨(예명) 63빌딩에서 건강검진을 받으려면 대기자가 워낙 많아서 많이 기다려야 한다고 사전에 양해를 구했잖아요. 별 씨는 사실 자격이 안 되는데 어머니한테 고마워서 해주려고 한 거예요. 화가 나더라도 조금만 기다려주면 공문을 쳐서라도 가능하면 빠른 시일 내에 받게 해 줄게요.”

전화를 끊고 나니 사지에 부르르 경련이 일며 눈물이 쏟아졌다. 우리 회사에서는 보험 가입 고객님 중 일정한 기준이 되면 무료로 종합 건강검진을 해주는 서비스가 있는데 63빌딩과 남대문 사옥 그리고 부평에 종진센터(종합검진센터)가 있다.

그 당시만 해도 많은 고객 분들이 63빌딩 종합검진센터를 선호했기 때문에 다른 센터보다 2배 이상의 시간을 기다려야 했다. 안 그래도 검진 일자가 안 잡혀 여직원에게 계속 추궁을 하는 상황이었고, 여직원은 신청했는데 답변이 없다고 미룬 게 벌써 6개월이나 되었다.

고객 입장에서는 열이 뻗칠 만도 했다. 답답해 종합검진 센터에 직접 전화를 걸어 확인을 하니 신청이 안 되어 있다는 답변, 헉! 여직원을 닦달 하니 꿀 먹은 벙어리다. 어떻게 이런 일이 생길 수 있는 건지 하마터면 쌍 욕이 터질 뻔 했다. 부랴부랴 공문으로 고객 상황을 이야기 하니 이틀 후 바로 검진 일자가 잡힌다.

"별씨 정말 미안해요. 내가 조금만 더 신경을 썼더라면 이런 일은 안 생겼을 텐데 덕분에 좋은 경험 했어요. 이틀 후에 검진 일자 잡혔으니 편한 맘으로 검진 받고 화 풀어요."

이틀 후에 고객에게 다시 전화를 건다.

"별씨 건강검진은 잘 받았어요?"

"네."

"그래요. 잘했어요. 그런데 별씨! 한 가지만 이야기할 게요. 별씨가 화가 난 건 잘 알아요. 나라도 그랬을 거예요. 아니 나는 더 화가 났을지도 몰라요 그렇지만 엄마랑 십여 년 이상을 친자매처럼 지내고 있는데 아무리 화가 나도 당신이니 무능하니 그렇게 막말을 하면 안 되는 거예요. 사람은 언제 어떤 형태로 다시 만날지 모르는 거거든요."

"미안해요."

통명스런 그녀의 한마디와 함께 통화를 끝내는 차디찬

소리가 기계음으로 전달된다. 아기가 태어난 이후로 간간이 전화를 걸어 궁금증을 해소하던 그녀의 호출, 2010년 4월 토요일 오전에 집으로 방문 요청을 해왔다. 그녀 집에는 타사에서 설계 받은 상품 설명서들이 수북하게 쌓여있다. 맘먹고 날 테스트할 준비를 단단히 한 그녀의 질문 공세가 쏟아진다. A4용지에 궁금한 내용들을 빼곡하게 적어 차례대로 던진다.

"펀드에 대해서 말씀해 주세요."

"펀드랑 변액 보험의 차이점은요?"

"손해보험 상품에 대해서도 설명해 주세요."

"타사에서 분석 받은 건데 아줌마가 분석하시는 거랑 무슨 차이가 있는지 세밀하게 답변해 주세요."

그녀의 질문은 오전 9시에 시작해서 오후 5시까지 쉬지 않고 이어졌다. 밥 때를 놓친 배꼽시계는 투정에 협박을 하다 스스로 잦아들고 온몸의 에너지가 방출된 탓에 떨리던 손도 시간이 지나니 얌전해졌다. 참다못해 물을 달라 한다. 8시간 동안 달랑 물 한잔 마시고 나도 그녀도 일에 심취되어 완전 몰입 상태였다.

"어머! 정말 스마트하시다. 저 진짜 감동 받았어요. 사실 오늘 테스트 하려고 불렀는데 너무 죄송한 생각이 드네요. 그동안 만나본 사람들 중에 단연 최고예요. 저 무조건 다 할게요 하라고 하시는 대로."

양손 엄지까지 치켜들며 볼이 상기된 그녀 얼굴에 미안함과 만족감이 겹친다. 어느새 그녀는 내 고객 중 단연 으뜸인 VIP로 올라와 있다. 그녀를 통해서 그녀의 남편, 아기, 친구, 베이비시터, 남동생 등등 끊임없이 파생되는 고객들, 얼마 전에도 지인이 저축을 하려고 하는데 집에 와 보라며 힌트를 던진다.

따끈한 커피와 쿠키를 담아 이쁜 쟁반에 받쳐 온다. 마침 타사 상품을 가입하려던 차에 나를 만난 고객은 별씨가 거드는 몇 마디에 청약서에 자필을 한다.

"세상에 버릴 사람은 하나도 없습니다."

신입사원 시절부터 내내 귀에 딱지가 앉도록 들었던 말은 여전히 유효하며 지금도 여전히 세상의 진리로 통하고 있다.

들꽃 같은 아내 바람에 묻고 눈물로 쓴 청약서

올 겨울은 유난히 눈이 많이 내린다. 꿈속을 거니는 듯 착각을 불러일으킬 만큼 아름다운 설경들은 그 아름다운 자태에 취해버릴 지경이다. 난 가끔씩 가슴이 터져 버릴 듯 답답하고 미칠 것만 같은 날이 있다. 오늘도 그랬다. 이런 마음들을 추스르기가 힘이 들어 친구랑 백운호수에 있는 카페에 들러 블루하와이 한잔을 시켰다.

예전에 어른들이 화병이라고 하시더니 어딘가에 내 마음을 묶어두지 않으면 견뎌내기가 힘 들 것 같았기 때문이다. 하늘이 잿빛이었다. 잔뜩 찌푸린 모습을 하고 금방 무언가 쏟아낼 것 같은 기세더니 정말 앞이 보이지 않을 정도로 함박눈이 펑펑 쏟아지고 있었다. 천국이 있다면 이런 모습일까.

한림대 병원 응급실에 실려 갔었다. 설 연휴 이틀 동안 줄곧 언니생각이 떠나질 않았었다. 떠난 언니에게 너무 집착해서인지 편두통에 실신할 지경이 되어 급기야 응급실에 실려가 CT 촬영까지 하게 된 것이다. 무결근주의자였던 내가 출근까지 포기해야 하는 상황이 벌어진 것이다.

너무 허망하게 세상을 떠나버린 언니, 너무 건강해 황소라는 별명까지 얻었던 언니가 급성간염이라는 통보를 받은지 불과 한 달여 만에 40세라는 젊은 나이에 세상을 등진 것이다.

이런 걸 청천벽력이라고 하는 걸까. 엄마, 동생, 오빠, 고모 차례로 실신하고 병원으로 실려 가고… 가족들의 충격은 헤아리기 힘들 정도였다. 영안실에 안치된 언니의 영정이 너무 고와서 문상객들마다 비통한 표정으로 충격을 감추기 힘들어했다.

거듭되는 사업 실패와 좌절 속에서도 항상 주변사람들을 즐겁게 하고 베푸는 데 인색치 않았던 사랑하는 내 언니, 언니가 온몸이 노오란 단무지보다도 더 샛노란 모습으로 병원에 입원하던 그 날, 난 내 발등을 찍고 소리치며 울고 싶었다. 동생이 보험회사에 다니면 뭐 해. 입원비 한푼 탈 수 없는데. 바보, 등신, 천치, 보험을 권할 때마다 보험 들면 재수없다는 형부의 완강함에 부딪혀 포기하고 또 포기하고. 그나마 형부 몰래 몇 개 들었던 보험을 무슨 이유인지 언니는 건강하니까 형부 걸로 한다면서 나도 모르게 해약해 버린 것이다.

병원에 입원한 지 5일 만에 언니는 혼수상태가 되어 50대 50의 생사의 갈림길에 빠져버렸다. 그 잘난 의약분업 때문에 종합병원은 그 어느 곳에서도 중환자를 받을 수 없다는 냉정한 거절 속에 거듭되는 좌절과 한줄기 희망이 가족들의 숨통을 죄고 있었다. 혼수상태에서 잠시 깨어났을 때 언니의 지능은 여섯 살바기 정도였고 그 상황에서도 줄곧 병원비 걱정을 해댔다.

다행히 아는 분의 소개로 서울에 있는 아산병원 중환자실에 옮길 수 있었지만, 2~3일에 한번씩 나오는 병원비는 백오륙십만 원씩이나 되었고 호전될지도 모른다는 희망에 병원에서 권하는 정체 모를 주사들을 매일 맞다 보니 병원비는 눈덩이처럼 불어났다. 사돈어른은 그 영수증을 친정식구들에게 들이대며 원망을 아끼지 않았다.

이젠 간이 다 녹아버려 회생 가능성이 점점 희박하다며 마지막으로 간이식을 하는 게 어떻겠냐는 병원 측과 가족들의 갈등은 심해졌고 혼수상태에서 깨어날 때마다 눈물을 흘리며 살려달라는 언니를 차마 눈뜨고 지켜보기가 힘이 들었다. 사지를 침대에 묶어두고 혀를 깨문다고 입에는 재갈을 물리고, 물 한 모금 들이킬 수 없는 상황이라 코에 호스를 집어넣고 주스를 강제로 투입하고…. 가족들은 차마 볼 수 없어

외면을 해버렸다.

하루에도 몇 차례씩 세상을 등지는 자들을 언니 곁에서 지켜보아야만 했고 한 생명은 저렇게 꺼져 가는데 병원비 때문에 식구들이 다 죽게 생겼다고 작은 병원으로 옮기라고 성화를 부리는 사돈어른이 야속해 '우리언니 살려내라'고 앙탈을 부렸다. 가슴을 치고 펄쩍펄쩍 뛰어도 모자랄 것만 같았다.

형부도 돈 때문에 치료를 포기하려 갈등하는 눈치였다. 언니가 떠나기 전날 주치의는 한대에 몇 십만 원 하는 주사를 권했다. 호전될지도 모른다고. 하지만 형부는 환자를 더 이상 고통스럽게 하고 싶지 않다면서 옷을 갈아입는다고 집으로 돌아갔다.

문병 오는 사람들마다 동생이 보험회사에 다녀서 돈 걱정은 안 해도 될 텐데 저런다고 수군거렸고 난 그 말을 들을 때마다 가슴을 비수로 도려내고 후벼 파는 것처럼 아프고 괴로웠다. 돈 때문에 생명을 포기한다는 말이 뼈저리게 느껴졌다.

아무래도 오늘을 넘기기가 힘이 들 것 같다고 보고 싶은 사람 있으면 모두 보라는 주치의의 소름끼치는 한마디에 난 꼼짝을 할 수가 없었다. 집에 가서 기다리라고 가족들이 날 강제로 언니 곁에서 떼어내 집으로 돌아가게 했다.

병원을 뒤로하고 성내 역으로 향하는 들판엔 코스모스 꽃이 흐드러지게 피어 있었고, 이름 모를 들꽃들이 수줍은 향내를 바람에 실려 보내고 있었다. 간호사들의 손놀림이 갑자기 분주해졌었다. 거친 숨을 몰아쉬는 언니의 목에서 쉴 새 없이 가래를 빼내고 눈을 부릅뜨고 생명의 끈을 놓치지 않으려는 언니의 모습이 조카들의 모습과 겹쳐졌다.

"언니야 가지 마. 조카들은 어떡해. 엄마는 어떡하고. 언니 제발 가지 마."

눈물이 두 볼을 타고 쉴 새 없이 흘러 내렸다. 옷을 갈아입지도 못한 채 소파에 누워있는데 새벽 3시쯤 형부에게서 전화가 걸려왔다.

"언니 갔어. 처제 어떡해?"

흐느끼는 형부의 울음소리에 난 아닐 거라고 고개를 저었다. 못나게도 언니는 마지막 가는 모습을 엄마에게 보여 주고 아주 먼 길을 떠난 것이다. 숨을 거둔 후에도 눈을 감지 못하는 언니에게 조카들 걱정하지 말고 편히 가라고 한 시간 이상 엄마가 달랜 후에 눈을 감았다고 했다.

언니는 구로성당 영안실에 안치되었다. 종교가 없었던 언니에게 내가 해 줄 수 있는 일은 대세(종교가 없는 자들이 죽음을 앞두고 있을 때 가족들의 동의를 얻어 신부님 대신 세

례를 주는 천주교 의식)밖에 없었다. 세상에서 너무도 고단한 삶을 살았던 언니는 신자들의 성대한 기도와 축복 속에 세상의 온갖 오욕을 씻어내고 우리들 곁에서 떠나 버렸다.

언니를 보낸 지 한 달도 못 되어서 형부네 가족은 이사를 해야만 했다. 짧은 기간이었지만 병원비 때문에 진 빚을 갚을 길이 없어 작은 평수로 집을 옮긴 것이다. 생활은 이루 말할 수 없이 피폐해졌고, 제대로 영양을 섭취하지 못한 조카가 빈혈로 쓰러지고 내 목소리가 언니랑 비슷해서 내가 전화만 하면 조카들이 너무 울어서 전화조차 제대로 할 수가 없었다.

돈, 돈이 무섭다는 생각이 들었다. 좀 더 일찍 손을 썼더라면…이런 저런 후회가 밀려들었다. 언니를 보내고 얼마 후 형부가 술이 취해 새벽녘에 울면서 전화를 했다.

"처제 미안해. 언니가 나 때문에 떠났어. 내가 너무 고생을 시켰고 돈도 없었고 처제 말대로 적금을 덜하고 언니 보험 하나 해 줬어야 했는데 미안해. 나도 언니 따라 가고 싶어."

가엾다는 생각보다 미움이 복받쳐 전화를 끊어 버렸다. 다음날 형부가 만나고 싶다고 해서 내키지 않는 걸음을 했다. 형부가 잘못되어도 아이들에게 남겨 줄 수 있는 보험을 가입하고 싶다고.

종신보험을 설명하면서 언니 보내고 뭐 하는 짓인가 싶었다. 난 벌떡 일어서서 보험 따윈 하지 말라고 신경질을 부렸다. 형부는 나를 달래면서 청약서에 자필로 썼다. 형부의 손이 부들부들 떨렸다. 내 눈물 형부 눈물에 젖어버린 청약서, 형부는 다른 청약서를 달라고 했고 난 하지 말라고 발악을 하고…언니가 말했었다. 혼수 상태로 가기 전날 형부에게 잘 말해서 형부랑 조카들 꼭 보험 가입시키라고.

언니에게 못 다했던 그 사랑에 대한 죄책감이 밀려왔다. 난 청약서를 빼앗듯이 달래서는 뒤도 안 돌아보고 사무실로 돌아왔다.

"언니, 언니는 바보야. 산 사람은 다 산다. 언니 보내고도 살기 위해서 밥도 먹고 커피도 마시고 그래. 엄마도 나도 형부도 조카들도. 억울하지도 않니? 이제 곧 겨울이 올 텐데 저 차디찬 땅속에서 어떻게 견디냐고 가슴을 치시는 엄마의 속이 어떨까 싶어. 언니는 좋은 세상에 갔을 거야. 언니가 너무 보고 싶어서 꿈에서라도 한번 만나려고 언니 사진을 몇 날 며칠을 가슴에 품고 잤었는데, 언니가 너무 예쁜 모습으로 잠시 왔다 가더라. 여기 걱정은 말고 이제 정말 편하게 떠나 언니. 나도 언니 가는 길 무겁지 않게 그만 놔줄게. 언니 사랑해. 우리가족 모두. 이젠 안녕."

편두통이 가시지 않아서일까. 쏟아지는 눈발이 환영처럼

느껴진다. 다시는 소중한 사람들을 허망하게 떠나보내지 않기 위해서라도 이젠 사랑을 아낌없이 표현하리라는 강한 책임감이 이를 악물게 한다. 지금 이 시간에도 날 필요로 하는 사람들이 있을 텐데 감상에 젖어 있을 때가 아니다. 난 그 동안 우습지도 않은 자존심에 명예를 걸고 얼마나 많은 사랑을 외면하고 살아왔던 걸까. 친척들이 하는 거절에는 두 번 다시 뒤도 안 돌아보고 앞만 보고 달려왔었다. 나의 정신을 새롭게 일깨워 주었던 FP교육은 힘들었던 만큼 당당함과 자신감 그리고 내 위치에서의 진정한 사랑의 표현이 어떠한 것인지 가슴이 아프도록 절감했었다. 종신보험이야말로 내가 정말 소중하게 생각하는 사람들에게 줄 수 있는 지상에서 가장 아름다운 선물이 될 것이다.

'표현하지 않는 것은 사랑이 아니라고 했던 말씀이 가슴에 와 꽂히는 순간 알았습니다. 우린 행복을 주는 천사라는 사실을.'

아프지만 가족의 이야기를 통해서 종신보험이야말로 한 가정을 지키는 생명의 끈이라는 사실을 알게 하고 싶었습니다. 증권을 받는 순간 뿌듯해 하고 든든해 하는 고객님들의 얼굴이 날 행복하게 합니다. 지금도 고객에게서 전달된 카드가 내 마음을 설레게 합니다.

'황성자님이 우리 집 생활의 길잡이가 되어 준 소중함을 더욱 일깨워 준 한 해였습니다. 성자님이 곁에 있어 더욱 값진 한 해였음을 다시 한 번 상기하며 한 해를 마무리합니다.' - 수원 유나 엄마

2000년 12월 대한생명 수기 공모전 대상작

제4장

바람이 되어

작은 보폭으로 시작된 인연의 길

"평생 잊지 못할 겁니다."

헤어짐이 못내 아쉬운 듯 은발의 신사에게 악수를 청하는 시골 촌부의 수줍음이 새벽 달빛에 어린다. 차가운 새벽 공기를 마다 않고 대문 밖까지 따라 나오며 조심해서 산행하고 꼭 한번 놀러 오라는 당부를 잊지 않는다. 하룻밤에 만리장성을 쌓는 이들이 있는가 하면 친 오누이처럼 마음의 정을 나누는 이들도 있고, 오랜 지기처럼 마음이 동하는 이들도 있나 보다.

나뭇가지에 걸린 새벽달이 점점 빛을 잃어가고 까만 어둠이 잿빛으로 옅어지며 동쪽 하늘이 붉게 물들어 간다. 산자락에 숨어 쉬이 제 모습을 드러내지 않고 붉은 이마만 보여주는 태양을 따라 걷는다. 어디선가 울부짖듯 들려오는 사나이의 외침은 차라리 절규였다. 누군가 화답한다.

초반부터 거친 오름 길이다. 가쁜 숨을 몰아쉬며 앞사람의 랜턴 불빛에 의지하며 걷는다. 새벽이라서인지 젖은 낙엽은 눈길 걷는 것 못지않게 미끄럽고 조심스럽다. 한발 전진 반보 후퇴의 연속이다. 일행들의 거친 숨소리가 고요한 새벽을 깨운다.

수직으로 일어서는 듯 오름 길은 토할 듯 정신을 혼미하게 하더니 고통스런 신음을 토해낼 즈음 한껏 고도를 낮추고 나즈막히 엎드린 채 일행들을 받아준다. 일출을 보겠다는 일념으로 경건하기조차 한 발걸음으로 수행하듯 걸어온 길, 어둠이 걷히고 어느새 등을 토닥이며 솟아오른 태양이 눈부시다.

지난해 9월부터 경남 산청에서 낙남정맥을 시작해 벌써 마산까지 내려왔으니 사람의 작은 보폭이란 얼마나 위대하던지.

십여 년 전쯤 어느 해던가. 이런저런 이유로 산다는 게 참으로 버거웠던 적이 있었다. 심신의 속앓이 끝에 심각한 위궤양이 찾아왔고 천주교 신자였던 난, 매일 미사를 통해 마음의 병을 치유 받길 원했지만 쉬운 일은 아니었다. 고백소에 앉아 넋두리 하듯 힘겨워 하는 내게 신부님께서 하신 말씀은 내게 엄청난 변화를 가져다주었다.

"힘이 들 땐 무작정 걸어보세요. 걷다 보면 처음 삼십 분은 세상의 온갖 번뇌가 복잡하게 엉켜 올 겁니다. 하지만 시간이 지나면서 번뇌도 사라지고 마음엔 평화가 찾아 올 거에요. 그 후엔 아마 다른 삶이 기다리고 있을 겁니다."

신부님 말씀 따라 퇴근 후 동네 앞 학의천변을 걷기 시작했다. 걷다 보니 실타래처럼 복잡하게 엉켜있던 마음들이 어느새 하나 둘 느슨하게 풀어지며 생기가 돌았다. 사계절의 변화와 함께 몸도 마음도 자연에 동화되고 쿵쿵 심장을 두드리며 잊었던 꿈을 기억해 냈다.

천변을 걷던 발걸음은 어느새 산으로 향하고 안양 종합운동장 뒤편에서 관악산 국기봉까지 가는 길은 내게 엄청난 인내와 체력을 요했다. 국기봉 앞 바위에 걸터앉아 있노라면 복닥거리는 세상살이가 참으로 작고 별게 아니라는 생각이 들었다. 관악산을 쥐방구리 드나들 듯 한 주도 거르지 않고 1년쯤 다니다 친구랑 죽이 맞아 수리산, 남한산성, 청계산으로 무대를 옮기면서 놀라울 정도로 체력이 늘었다.

선천적으로 심장이 약한 나는 구심을 달고 살았었는데 남편 따라 장거리 산행에 도전하다 갑자기 심장에 무리가 와서 순간 뒤로 넘어가면서 기절한 적이 있었다. 응급처치가 늦었었다면 아마 지금쯤 다른 세계에서 살고 있었을지도 모를 일이다. 처음으로 산행을 시작할 때에 비하면 같은 거리를 오르는 시간이 삼분의 일쯤으로 줄어들었고 더욱 놀라운 것은 언젠가부터 구심을 먹지 않고도 일상생활을 거뜬히 해내고 있다는 거였다.

장거리 산행에 맛 들면서 우연찮게 정맥산행을 하시는 대장님을 친구로부터 소개받고 정맥이 뭔지도 모르고 겁 없이 동행을 하게 되었다. 딱히 나 있지도 않은 길을 걷는데 사람 키 높이보다 더 자란 잡목과 가시덤불에 순간 방심하면 다치기 십상이었다. 얼굴에 달라붙는 거미줄과 공포스런 벌집, 한껏 몸을 뒤로 제켰다 '찰싹' 하고 따귀를 때리는 잔가지들에 눈 주위와 입술 언저리가 툭 하고 부르텄다. 앙큼하게 숨어있다 발을 거는 나무 밑둥치들에 걸려 넘어지고 겁 없이 똥침까지 놓는 애들도 있었다.

새로 사 입고 간 바지는 가시에 찢기고 넘어진 다리에선 피가 나고, 잠시 방심하면 일행들을 놓치니 아프다고 엄살 부릴 시간도 없어 앞사람 발뒤꿈치를 따라 반쯤 넋이 나간 상태로 걷다 보니 패닉 상태가 되었다. 산행한 지가 꽤 되었다지만 이렇게 러셀까지 해가며 조망도 없는 길을 걷는 게 도무지 이해가 되질 않았다.

이상하게 몸은 지쳐 가는데 초강력 카타르시스를 느끼고 있는 나, 온몸에 노폐물이 죄다 빠져 나가고 얼굴엔 소금기가 버석거렸다. 산행이 끝나고 버스에 오르니 마치 유체이

탈이라도 일어난 것처럼 정신이 몽롱해지고 손발에 힘이 빠지며 온몸이 새털처럼 가벼워졌다. 마치 구름 위를 걷듯 아득해져 왔다.

다시는 안 가겠다던 내 의지는 어디로 가고 마법에 빠져들듯 묘한 매력이 솟구쳤다. 점점 정맥산행에 중독이 되어갔다. 숨이 끊어질 듯 가파른 오름 길을 따라 오르면 이승과 저승을 갈라놓은 듯 날카로운 절벽에 서있는 경이로운 풍경에 넋을 놓기도 하고, 태풍이 몰려오는 곳을 향해 무모하게 달려가고, 눈보라와 추위에 시달리며 한여름 더위에 탈진도 했었다. 하늘 한 점 보이지 않은 잡목 숲을 헤치며 전생에 무슨 죄가 많아서 이런 고행을 하는지 자괴감에 빠져들기도 했다.

따사로운 봄 햇살에 눈이 감실거리고 지천으로 핀 철쭉꽃을 즈려밟으며 걷던 호남정맥 길, 존재 산의 가파른 내림 길을 치닫고 있었다. 너댓 명의 남정네들이 반대편에서 올라오는 모습을 보고 우리 일행 중 한 명이 난감해 하면서 말을 더듬는다. 봄 햇살에 반짝이는 은발과 광채를 뿜어내는 듯한 범상치 않은 외모의 어르신께서

"아니 산에도 안 나오고 어딜 갔나 했더니 여기 숨어 있었구만."

알고 보니 모 산악회 회원이기도 한 일행 분은 친구 따라

우리 산악회에 나왔는데 얄궂게도 그날 딱 걸린 게다. 민망해 하는 분위기를 사진으로 대신하며 보내드리겠다는 약속을 했었다. 산악회 회장님이시란다.

회장님께서 사진을 보내 달라신다 하여 손편지와 함께 보내드렸더니 지켜지지도 않는 약속이 난무하는 세상에 손편지와 사진에 감동하셨다며 시산제 때 보자셨다.

후로 자연스레 산행을 같이 하면서 낙남정맥이란 대장정에 합류하게 되었다. 스스로 느껴지는 신령스런 기운에 범상치 않은 산임을 알게 했던 지리산 영신봉에서 출발했던 우리의 발걸음은 어느새 절반을 넘어 마산으로까지 내려왔다. 식당 한켠을 치우고 선잠을 청하며 때론 불친절하고 퉁명스런 사람들에게 상처 받기도 했지만, 처음 보는 길손에게 친절을 베풀며 먹을 것을 나누어 주었던 사람들은 우리가 가는 길에 수호천사가 되어 주기도 했다.

경상도 지역을 여행하다 보니 산세가 원만하고, 마을은 마치 어머니의 품속에 안겨있듯 커다란 산자락이 마을 전체를 감싸 안고 있는 형국이다. 그래서인지 남쪽으로 내려갈수록 사람들의 인심이 후하고 친절하며 여유가 넘쳐 보였다.

진주의 명예를 걸고 우리의 산행 길을 도왔던 우직한 청년 신씨, 몸에 좋으니 실컷 따먹고 가라시며 산수유 농장을 통째로 개방하신 어머니, 몇 개 남지 않은 홍시를 기어코 따서 배고플 때 먹으라며 주신 아버님, 길을 묻는 길손에게 단감을 한 보따리 선사해 준 젊은 부부, 맘껏 뽑아 먹으라며 무밭을 통째로 내놓으신 농부부부, 장어구이와 장어곰국으로 성찬을 베풀어 주신 이사장님, 고된 산행에 지친 일행들에게 투박스럽게 떠온 숭어회에 소주로 피로를 달래주시던 장 선생님….

그 작은 보폭은 어느덧 고성군 청광 새들녁 센터까지 내려왔다. 군불을 땐 아궁이에서 올라온 열기가 아랫목을 후끈후끈 달아오르게 한다. 민박집을 구하지 못해 민가에 들어가 사정을 하니 보시하는 셈 치고 숙박을 허락하셨다는 노부부의 사랑방엔 일행들의 웃음소리가 넘쳐난다.

정이 많다 못해 흐르듯 넘치시는 노부부의 살가움에 친정집에 온 듯 맘도 편해 어느새 호칭도 언니, 오빠로 바뀌었다. 고구마, 단감, 맥주, 감주, 동치미, 귤 등 뭐든 주고파 하시는 두 분의 그칠 줄 모르는 정을 덮고 단잠을 청한다. 새벽밥을 지어 먹이시며 그새 정이 들어 이별의 시간이 다가옴을 못내 아쉬워하시는 노부부의 애틋함에 가슴이 시려왔다.

"힘들어서 우야노? 깜깜한데 무섭지 않나? 저기 저 앞에 오빠야들 보이제? 꼭 놀러 오구 알았제? 춥다 퍼뜩 가래이."

우리가 걸어야 할 산행 출발점까지 직접 승용차로 바래다 주시며 배웅을 해 주시는 촌로, 은발의 신사와 촌부의 수줍은 이별이 오버랩되며 까만 어둠 속으로 서성이는 자동차 불빛이 애틋하다. 작은 보폭 하나로 시작된 인연의 끈은 어디까지 가서 멈출 것인가. 새벽 달빛이 쏟아져 내리고 '컹 컹 컹' 멀리서 개 짖는 소리가 고요함을 깨우고 있다.

무슨 생각으로 그랬는지 모르지만 사무실 책상 앞엔 2013년 1월 1일이란 날짜와 함께 새해 목표로 써 둔 "낙남정맥 완주!"란 글씨가 선명하다. 내 작은 발걸음으로 만나게 될 미래의 인연들을 위해 난 또 새로운 꿈을 꾸고 있다.

2014년 시와문화 겨울호 수록

새벽 예불

관세음보살! 관세음보살! 관세음보살! 관세음보살! 관세음보사알!…. 아무것도 아니구나. 그 무엇도 아니구나. '사라락' 바닥을 스치는 스님들의 법복소리가 법당 안으로 잦아들고 이내 삼배가 이어진다. '둥 두 웅 두 두 둥' 법고소리가 속세의 문을 두드리면 '데~~엥 데~~~엥' 물방울 튕기듯 맑은 운판(雲板) 소리, 미명(未明) 끝에 서성이던 삼라만상 우주의 기운이 별빛으로 폭발하고 달빛으로 다스리는 새벽, 코끝에 닿는 바닥의 기운이 세상사 번뇌를 끌고 온다.

손바닥은 뒤집어 천정을 향하고 다시 바닥을 밀친 손을 모아 합장하고 두 발을 가지런히 모아 발끝에 힘을 주고 튕겨 일어난다. 의미도 모르는 불경은 머릿속을 헤집고 뇌성벽력을 동반한 폭우를 쏟아 붓는다. 몸을 지탱하기도 힘든 회오리가 몰아치며 한 점의 미련도 없이 휩쓸려간 세상의 것들, 부질없음이요 아무것도 아니구나. 스러져 가면 그뿐인 것을.

일 배, 이 배, 삼 배, …스무 배, …백팔 배.

새벽 예불을 마친 불자들이 모두 빠져나간 각황전은 숨 막힐 듯 고요한데 그곳엔 오직 나와 스님의 독경 소리뿐. 문득 법당 밖에서 불어온 찬바람이 의식을 퉁 치며 스님의 독경 소리와 합해져 번뇌로 파도치던 마음을 쓸어간다.

얼마 전 난 지인과 몹시 불편한 일이 생겨 상처 난 마음을 다스리지 못해 속병에 시달리며 고통 중에 있었다. 허탈하기만 한 인간관계의 고리가 문득 몸서리나도록 지쳤고, 부질없는 삶이 두려워 어디든 도망치고 싶어 달려 온 곳이 화엄사다. 더구나 먼저 떠난 언니와 비슷한 모습으로 병동에 누워 생사를 다투던 지인은 지친 내게 더욱 깊은 상처와 충격을 안겼다.

2개월 전 불쑥 사무실로 찾아 온 중년의 남자, 아무도 눈길을 주지 않는데 마침, 외근하려 준비하는 내 눈과 마주치며 시작된 인연은 참으로 짧게 끝이 났다. 한줌의 재가 되어 이승을 떠난 사람, 세상사 부질없음에 유족들은 넋을 잃었다. 인간의 본성 중 선과 악이 공존한다면 그분은 오로지 선함만을 업보로 지고 태어난 사람처럼 보였다.

일만 하지 말고 가족들과 많은 것들을 나누며 삶을 가꾸라 도닥이던 분이 급작스레 중환자실에서 사투를 벌인다며 부인에게서 전화가 걸려왔다. 달려가니 온몸은 단무지보다 더 노란 황달로 덮여 있었고 간성혼수에 그의 의식은 이승과 저승을 넘나들었다. 장기가 다 파손되어 생체 시계가 거의 멈추었음에도, 의연히 웃으며 손을 달래 잡고 고맙단 말을 전하는 환자의 초능력에 가까운 정신력에 의사도 놀랐다. 온전한 몸으로 다시 돌아가겠노라며 설령 혼수상태가 찾아온대도 자신의 허락 없이 몸에 어떠한 흠집도 내지 말라는 단호함은 신념처럼도 보였고, 죽음조차 그 앞에선 경건해 보였다. 하얀 눈이 쏟아진다며 빨리 가야 한다고 서둘러 떠난 길. 하얀 눈 대신 비에 젖은 낙엽들이 떠나는 망자의 길 앞에 처연히 누워있었다.

아무리 생과 사가 공존하는 현실이지만 백세시대를 부르짖고 신의 의술을 펼치는 초 첨단 시대에 59세는 세상을 등지기엔 너무나 아까운 나이였다. 급성으로 찾아 온 간염은 순식간에 그의 간을 녹였고 한 달도 채 안 되는 삶을 허락했다.

문득 작다면 작고 크다면 큰, 마음의 소란들이 사라지고, 기도 후에 찾아 온 평화로움처럼 아무것도 생각나지 않음이 오히려 이상했다. 천주교 신자인 난 종교와 아무 상관없이 산사의 고요함과 침묵을 원했고, 한겨울 살얼음 깨지듯 청정함이 그리웠다. 내 영혼이 맞닿은 그곳에 잠시나마 내 삶의 무거움을 내려놓고 싶었다.

별이 쏟아지는 파란 새벽하늘을 이불 삼아 법당 안으로 들어설 때 이미 목마른 내 영혼은 춤추기 시작했고 내 안에 쌓인 오욕의 찌꺼기들이 터져 나왔다. 상념이 스치고 번뇌가 들끓고 분노와 슬픔이 소란스러웠다. 가슴을 저미듯 울리는 풍경 소리에 '툭' 눈물이 떨어졌다.

스님과 차담을 나누는 동안에 내 탓이란 울림이 내내 가슴을 후볐다. 내 기억을 파고들며 날 갉아먹는 것들은 결국 세상에 대한 근력이 부족한 나 자신의 모습이었다. 순간 홀가분하게 찾아든 자유로움은 가을햇살이 내리쬐는 툇마루 끝으로 날 이끌었다. 혼자 걸터앉아 아무것도 하지 않는 그 시간은 오히려 내겐 기도였고 평화로움이었다. 댓돌위에 고무신도, 뒤란에 널어 둔 이불도, 마당을 가로질러 걷는 처사도, 쫄쫄거리는 약수 물 소리도, 감나무 이파리를 뒤집으며 부는 바람도, 한 조각 햇살과 구름도 나를 보듬어 주었다.

두 달이란 짧은 인연을 맺은 지인의 느닷없는 죽음이 오히려 길고 긴 시간이라 여기며 아파했던 삶의 순간들을 찰나의 시간으로 바꿔 놓았다. 삶의 본질에 대해 고민하던 시간들도 내려놓게 하였다. 삶의 지평으로 삼던 지인에 대한 절망감은 결국은 나약한 나 자신의 모습이었다. 도망치듯 달려 온 길, 백두대간이 끝난다는 지리산자락의 각황전, 그 법당 안의 새벽 예불과 영면에 든 지인은 묘하게 마음의 분심을 부수어내며, 동호스님과 차담을 나누며 염주를 만들던 시간들과 점철되고 있다.

제5장

소년과 우체부

'읍슈'의 미학

볼이 미어지도록 베어 문 사과 한 조각에 진저리를 친다. 시린 치아에 찬바람이 스친다.

돌을 깨물어도 끄떡없었는데. 조금은 소란스럽고 훈훈할 거라 생각했던 열차 안은 너무도 조용했고 싸한 느낌마저 든다. 대부분 승객들의 귀엔 헤드셋이나 블루투스가 걸려있고 고개는 45도 각도로 숙여져 눈알이 빠지도록 스마트 폰을 들여다본다.

손톱 끝에 날카롭게 부딪히는 금속성 소리만 고요한 침묵을 깰 뿐이다. 심지어 친구랑 나조차도 카스나 인터넷 검색에 몰두해 있느라 영혼 없는 대화로 서로 동문서답을 주고받는 중이다.

세상은 빠르다 못해 미쳐 날뛰고 있는 것 같다.

그 미친 세상이 무서워 도망치는 중이다. 바람처럼 달아나 버리자며 의기투합으로 뭉쳤던 용기는 어디가고 기껏 달려간 데가 천안이다. 안양에서 한 시간 남짓 달렸나보다. 오전 10시, 아침을 거른지라 배가 고파 기차역 주변 식당을 둘러보니 식당보다 점집 간판과 철학관 간판이 더 많은 것 같다. 역 주변에서 멀리 나가보자며 택시를 잡아타고 맛집을 물으니 대뜸 그 기사분이

"읍슈."라고

한다. 아니 아무리 없어도 그렇지 객지에서 온 손님이 물으면 어디 한 군데 쯤은 얘기해줘야 하는 게 상식 아닌가. 어이가 없기도 했지만 절묘한 사투리에 친구가 자지러진다.

"아니 아저씨 읍슈가 뭐예요. 이래서야 천안이 발전이 되겠어요?" 저도 충청도가 고향이지만 아이고 참 나."

무안했던지 기사분 멋쩍게 웃으며 한마디 한다.

"안 그래도 시장님께서 택시 기사들 모아 놓고 외지에서 손님이 찾아와 맛 집 물으면 제발 읍슈 소리 좀 하지 말라고 했는디. 근데 진짜 읍슈~"

친구는 아예 웃느라 죽는다, 죽어. 이래서 충청도에서 개그맨이 많이 나오는 모양이다.

언젠가 충남에 있는 면사무소에 볼일이 있어서 간 적이 있었다. 내 생각엔 5분이면 처리될 일 같은데 한 시간, 두 시간, 세 시간을 기다려도 담당자는 이렇다 저렇다 말도 없고

미동도 없다. 그저 기다려야 한단다. 업무가 엄청나게 밀려있는 줄 알고 속에서 천불이 나는 걸 참고 기다리다, 기다리다,

“아니 도대체 고객도 없는데 뭐가 이렇게 오래 걸리는 거예요. 내가 해도 벌써 했겠네요. 뭐가 문제예요 대체? 벌써 세 시간째 기다리고 있잖아요.”

그때서야

“아 그류?”

금방 일처리가 되는 게 아닌가. 어이없고 기가 막혀서 책상이라도 부수고 싶은걸 꾸욱 참고

“아니이~ 도장 한번 찍는 데 3시간이나 걸려요? 대체 책상에 앉아서 뭐 하시는 거예요?”

했더니

“원래 그런규.”

어머나, 정말 미치고 팔딱 뛰는 줄 알았다. 십여 년이 지난 이야기지만 그다지 변한 건 없는 것 같다. 세상에서 가장 짧고 미묘한 사투리가 충청도 사투리라더니 어찌하면 좋을꼬. 차라리 우리가 찾아 나서자 싶어 시장에서 내려 맛있는 집을 물으니 붕어빵을 파는 예쁘장한 아주머니가 생글생글 웃으며

“읍슈.”

하는데 돌아가시는 줄 알았다. 한술 더 떠서

“식당에서 먹는 밥보다 여기 앉아서 김치 척척 걸쳐 먹는 밥이 최고쥬.”

아이고머니나. 그렇다고 그 밥을 나눠먹을 것도 아니잖아요. 에라 모르겠다 눈에 띄는 곳에 들어가 아무 거라도 먹자 싶었는데 우릴 보고 아저씨 한분이 지나가는 말로 던진 미끼를 낚아챈다.

“저 아래 할머니 집 칼국수가 맛있는디. 줄서야 될 틴디.”

부지런히 걸어 내려가 보니 정말 할머니 집 간판이 보이고 가게 안은 손님들로 북새통이다.

가게 밖까지 줄을 서서 기다리고 있는 중이다. 주방장의 손끝에서 주물주물 반죽이 치대어지고 홍두깨로 반죽을 쟁반처럼 펼쳐지는가 싶더니 야무진 칼끝을 타고 똑 고른 모양으로 쏟아지는 국수 가락을 밀가루를 묻혀 손가락 사이로 후루룩 후루룩 훑어 내린다. 그러면서 연신 요구르트를 들이키는 주방장의 모습은 특이하다 못해 코미디 같다. 멸치와 바지락으로 우린 펄펄 끓는 육수 앞에 조신하게 앉아있다 온몸을 던져 뛰어드는 국수 가락을 육수가 휘어 감는다.

호박을 숭숭 썰어 던지고 당근, 표고버섯이 뛰어드니 면과 야채가 만나 회오리를 일으키며 푸짐한 칼국수가 완성되고, 큼지막한 그릇에 담긴 칼국수는 배추 겉절이와 함께 쟁반을 타고 날아온다. 청양고추랑 파가 어우러진 양념장을 타서 국물 한 숟가락을 떠먹으니 등 뒤로 흘러내리는 땀. 이마에 콧등에 송글송글 땀방울이 맺히고 얼굴이 발그레해진다. 순식간에 그 뜨거운 칼국수 한 그릇을 비워낸다. 서울에서 소문 듣고 찾아왔다 하니 주방장 입이 귀에 걸리고 맛이 어떠냐며 궁금한 기색을 감추지 못한다. 양손 엄지를 치켜들며

"최고예요."

외치니 귀에 걸린 입이 이마로 올라간다. 택시를 잡아타고 태초 산으로 향한다. 친구 왈

"아저씨 먼데서 왔으니 좀 깎아 주세요."

"칼이 읍써서 못 깍는디유."

친구의 진심어린 농담에 재치 있게 받아치는 택시기사, 뱃가죽이 당긴다. 미처 떠날 채비를 못하고 서성이는 가을이 태초 산자락에 머문다. 등을 밀어대는 찬바람 눈치에 마지못해 주섬주섬 옷을 벗기 시작하는 산은 고요하다 못해 외로움이 엄습한다. 친구랑 걷는 길에 외로움이라니. 둘 다 별 말없이 그저 자신의 상념 속에 빠져든다.

올라오는 기차 안이 소란스럽다. 숨소리조차 민망한 정적을 깨고 들리는 취객의 욕설,

"야 개 같은 년아. 네가 그렇게 잘났어. 씨발 년. 왜 내가 말하는데 네가 끼어들고 지랄이야 썅년아. 네년이 그러니까 너네집 식구들이 나를 무시하는 거 아냐~~아!!"

그 취객은 바로 내 뒷자리에 앉았고, 난 혹여 홧김에 둔기라도 꺼내 묻지 마 폭행을 하는 건 아닌가. 오금이 저려 긴장 모드를 탄다. 삼십 분 이상 소란을 피우는 취객을 그 누구도 어쩌지 못하고 인상을 쓰며 인내를 거듭하는 승객들, 난 스마트 폰을 셀카 모드로 바꿔 뒤쪽의 남자를 줌으로 당겨본다. 세상에 저리도 멀쩡하게 생긴 신사가 무엇이 억울해 저리 야단일까. 부인인 것 같은 여자는 남자의 욕설을 말릴 생각도 대꾸할 생각도 없이 아이랑 객실 밖으로 나간다.

계속되는 남자의 욕설에 귀가 따가워 바람이라도 쐬자 싶어 객실 밖으로 나오니 취객의 부인은 얼굴에 화색이 만연한 채 아이랑 장난을 치고 있다. 도대체 이게 무슨 상황인지 짐짓 궁금해진 난, 다시 객실 안으로 들어오고 흘끔 남자를 쳐다본다. 드르렁 드르렁 코를 고는 남자는 놀랍게도 이런 잠꼬대를 하고 있었다.

"여봉 미안해요. 사랑해. 다시는 안 그럴게. 알 러~뷰~우."

뻔한 시나리오에 부인은 겁을 먹기는커녕 바로 반전이 될 상황을 알기에 너무도 태평하게 아이랑 놀고 있었던 모양이다. 불안 초초한 마음으로 취객의 욕설을 듣던 승객들은 기가 막혀 죽겠다는 표정이고 그 틈에 부인과 아이는 다시 취객의 옆자리를 차지한다. 무거운 눈꺼풀 밀어 올려 썩은 동태 눈알 모양 허여멀건한 흰자를 드러낸 남자, 게슴츠레한 눈에 침까지 흘리며 부인을 끌어안고 민망하게도 키스를 퍼붓더니 천둥치듯 요란하게 코를 골며 잠의 나락으로 떨어진다.

맛집이 없다던 기사 분의 말과 달리 복닥거리는 시장통에 있는 자그마한 칼국수집의 손맛은 어릴 적 엄마가 해 주시던 칼국수 맛과 비슷했고, 향수를 불러일으킬 만큼 강렬했었다.

"읍슈."

이 말은 어쩌면 너무도 겸손한 나머지 혹여 맛이 없으면 어쩌나 하는 염려에 쉽사리 맛집을 이야기하지 못한 깊은 속마음이었을지도 모른다. 느닷없이 일상탈출 운운하며 달려갔던 천안이나, 택시기사의 '읍슈'나, 취객의 행동은 계획되지 않았었고, 단지 인간의 내면의 심리를 표출하는 과정에서 오는 예측되지 않은 소소한 반전은 아니었을까.

때 이른 스산함이 창문을 스친다. 베란다 문틈을 비집어 드는 바람이 싫어 커튼으로 창문을 반쯤 가리니 집안은 적막강산이다. 참으로 오랜만에 혼자인 시간이다. 보채는 여울을 끌어안고 내 삶의 공간인 식탁의자에 앉는다. 언제부터인가 방도 책상앞도 아닌 거실과 주방 사이에서 어정쩡하게 걸쳐 있는 식탁은 나만의 사색의 공간으로 바뀌었다.

퇴근하면 소파에 널브러져 습관적으로 TV 채널을 돌리며 소리를 내 웃는 남편, TV 속 사람들이 내는 수백 가지의 소란은 남편의 목소리와 합쳐져 스트레스에 절어 퇴근한 내 귀를 사정없이 괴롭힌다. 거기에 기타소리까지 합세를 하니 가족들 스트레스는 항상 최고조에 이른다. 거실은 남편의 전유공간이 되어 TV소리, 서툰 기타소리가 난무하고 소리쳐 노래까지 부르니 양손가락으로 고막을 틀어막아도 이길 재간이 없다. 가족 방문은 원천 봉쇄되어서 소음과의 전쟁을 치르고 특히나 격투기에 미쳐 채널을 이리저리 돌리며 큰 소리로 응원까지 하니 집은 안식처가 아니라 또 다른 전쟁터다. 귀를 막고 화난 표정을 짓고 읍소를 해도 그놈의 격투기는 왜 그리 오래도록 하는지 조용해질 때를 기다리다 지쳐 스트레스로 몸이 터져버릴 것 같은 상태에서 억지로 잠을 청하는 날들이 많았다.

그런데 말이다. 생면부지 처음 보는 사람이 길에서 말을 거는 일들이 많아졌다. 대답을 하기도 안 하기도 뭐해 보면 완전히 초점이 빗나간 동공은 허공을 향해 있는데, 무당 주문을 외우듯 중얼대는 사람들, 그들의 목엔 세상과 밀착된 하이테크놀로지의 막강한 영향을 받은 문명의 이기가 걸쳐있다. 어느 날, 그런 문명의 이기가 내게도 찾아들었다. 남들이 할 때는 개목걸이도 아니고 대체 저런 걸 왜 목에 걸고 다니나 했는데 오호 근데 이건 뭐 써보니 황홀할 지경이다.

무선으로 소통하는 블루투스는 폰을 주머니나 가방에 넣어두고도 음악을 들을 수 있고, 특히나 운전을 할 때는 폰이 차 안에만 있으면 손 하나 까닥 안 하고 입만 나불대면 되니 교통경찰이 눈을 부릅뜨고 달려들어도 오만하게 웃어주면 그뿐이다.

블루투스의 작고 앙증맞은 스피커가 달팽이관을 간질이

며 고막 언저리에 슬며시 걸쳐 라디오에서 들리는 소리들을 모아 중추신경계로 전달해 말초신경을 자극하면 급격하게 감정의 선이 부풀어 오른다. 남편이 보는 TV 소리보다 더 크게 볼륨을 높이니 거실의 온갖 소란을 잠재우기만 하는 것이 아니라 내재된 감정이 다투듯 삐져나와 나를 들들 볶는다.

식탁은 평상시엔 바쁜 순서대로 앉아 대충 밥을 먹거나 커피를 마시고, 때론 막내의 과제물이 수북이 쌓였다가 없어지기도 한다. 어느 날 그 넓은 식탁위에 화려한 간식이 차려지기도 하는데 식탁의 위치가 그냥 지나치기가 애매한 자리다 보니 배부르다 하면서도 무의식중에 잽싸게 뻗친 손의 빠름에 놀란 입은 어느새 꿀꺽 간식을 삼키기도 한다.

그런 식탁을 난 과감히 정리하고 노트북을 앉혔다. 무미건조하다 못해 가끔은 우울하기조차 한 변화 없는 일상을 밀치고, 퇴근 후에 새로운 일상을 꾸려내기 시작했다. 단어하나 외우지도 못하는 날이 허다하면서도 겁도 없이 노트북에 장착된 스카이프를 통해 필리핀 샘과 마주하며 영어공부를 시작했다. 동문서답을 주고받으며 필리핀 선생님을 당황시키는 날들도 처음엔, 수줍었으나 점점 담대해진 나는 뻔뻔스런 영어를 시도했고, 화려한 스킬의 언어적 감각을 꿈꾸었다. 해외여행을 하면서 외국인들과 자유롭게 대화를 주고받는 상상, 사소한 꿈을 하나 발견한 것이다.

거실의 둔탁한 소음이 싫어 틀어막았던 귀에 블루투스를 연결해 클래식 음악에 심취하다 보니 그 어떤 소리도 동작도 날 방해하지 못할 만큼 몰입도가 높아졌고, 내 손끝엔 글이 매달리기 시작했다. 친구들을 만나 밥을 먹고 커피를 마시고 수다를 떨던 시간보다 오히려 기다려지는 식탁 앞의 시간은 한 치도 양보하기 싫은 온전한 나만의 공간이 되어 누군가가 조금 더 오래 식탁 의자에 앉아 있으려고 하면 글을 쓴다는 핑계로 밀어냈다. 클래식 음악을 매일 듣다보니 묘한 중독 현상도 일어났다. 알지 못하는 선율의 아름다움은 인간의 고뇌를 대변하고, 때론 나의 마음을 바닥으로 내던지는 잔인함과 따사로운 대지를 맨발로 뛰어 다니는 듯 평온함을 반복했다. 때론 감성을 주체 못 하고 정체를 알 수 없는 그리움이 쏟아져 나도 모르게 예술의 전당 한 귀퉁이에 눈을 감고 앉아 있게도 했다.

안방 문이 닫히고, 엄마 방문도 닫히고, 잔소리 늘어놓던 여울이가 지쳐 잠이 들면, 난 침침한 거실 커튼을 내리고 집 안의 불을 죄다 끈다. 앙증맞은 스탠드의 작은 전구 알이 드리우는 잔잔한 음영은 희열에 들뜨고, 외로움에 지치고, 때론 머리가 반쯤 비어버린 멍한 상태인 내게 위로를 건넸다. 심리 상태에 따라, 물의 온도에 따라, 물이 떨어지는 높이에 따라, 물이 닿는 방향에 따라, 맛과 향이 달라지는 케냐aa는 쌉싸름한 맛 뒤에 슬쩍 와인 향을 떨구어 놓기도 하고 꽃향기를 던지며 오묘함의 끝으로 날 이끌었다.

사회적으로도 모든 정열을 쏟아 붓기도 아깝고, 친구들과 수다삼매경의 경지에 몰입하기도, 경제 활동을 접고 여행을 다닐 수 있는 처지는 더더욱 아니고, 다 자란 성년의 아이들의 일상을 참견하기도, 그렇다고 남편과 알콩달콩 지내기도 참으로 어설픈 오십대, 복합적인 삶의 기로에 선 지금, 그렇다고 지나온 삶을 돌아보며 회상하기도 이른 인생의 제 2막을 준비해야 하는 시기에 난 많은 것들과 끊임없이 충돌하고 있었다. 이십대나 삼십대의 하루보다 지금의 하루가 주는 의미가 너무도 다르다 보니 특별히 무얼 하지도 못하면서 마음만 볶아댔다.

그런 내게 다가 온 블루투스라는 작은 매체로 인해 막연했던 내 삶의 꿈들을 하나하나 들여다보기 시작했고 떠돌던 마음을 잡아 식탁이라는 공간으로 이끌었다. 그리도 멀게만 느껴졌던 꿈은 지극히 사소함의 발견에서 시작이 되었고 생각보다 아주 가까이 머물고 있었다. 내 귀에 걸쳐진 블루투스는 세상의 그 무엇도 날 방해하지 못하는 위대한 파수꾼으로 자리잡았다.

단순히 소리를 전달하는 차원이 아닌 감성을 마주하고, 심연을 응시하고, 자신도 알지 못했던 내면을 들여다보게 하는 블루투스는 그 소통의 끝이 어디일지 가늠조차 되지 않았다. 나 혼자만의 공간 안에 누군가의 사소함도 접근하지 못하고, 오직 소리를 통해 전달되는 집시들의 외로움과 고뇌가, 화려한 운명의 여인들이, 슬픈 사랑의 표상들이, 상처받은 영혼들이 내 영혼과 부대끼며 춤을 춘다.

대지에 머무는 시간이 짧아진 햇살이 서편 하늘로 바삐 달아나다 거실 바닥에 그림자 하나를 '툭' 떨군다. 흔들리는 그림자, 밖엔 바람이 부나보다. 주전자 물이 끓어오르고 케냐향이 집안 가득 퍼진다. 품을 파고드는 여울이, 입안 가득 잔향을 남기고 급하게 식도를 타고 달리는 커피 한 모금, 주체하기 힘든 감정의 선, 난 다시 식탁 앞에 앉는다. 두 귀를 울리는 아름다운 선율, 오선지가 펼쳐지고 내 꿈이 악보가 되어 춤을 춘다. 블루투스가 내게 일으킨 사소한 기적이다.

소년과 우체부

바람에 날아온 민들레 홀씨 하나가 햇살 속으로 스며든다. 아카시아 향이 바람에 날리고 소쩍새의 울음소리가 부쩍 가까워졌다.

"오빠 서울 간다. 대학 시험에 합격해서 우체부 생활도 오늘이 마지막이구나. 멋있는 작가가 되어 있길 바란다. 네가 있어서 우체부 생활이 참으로 즐거웠다. 항상 공부 하는 거 잊지 말고 남자 친구하고도 잘 지내라. 자 악수."

싱그러운 오월의 햇살도 저만큼 물러서고 땅거미가 내려앉은 고즈넉한 시골길에 뽀얀 먼지를 일으키며 멀어져 가는 자전거 한 대, 허리 부분이 사각으로 날이 선 빛바랜 하얀 셔츠를 입은 남자의 뒷모습이 아련하다.

여고 2학년 여름날이다. 학교가 끝나고 집에 돌아오니 툇마루에 덩그렇게 놓여 있는 편지 한 통, 발신인은 송 베드로(가명), 수신인은 나다. 낯선 이름, 마치 생선을 훔쳐 먹다 들

킨 도둑고양이처럼 나의 심장은 호기심과 두려움으로 불규칙한 펌프질을 한다,

"문학을 좋아하는 청순한 소녀라고 들었어요. 난 OO고등학교에 다니는 송 베드로라고 합니다.

친구(이렇게 불러도 화내지 않았음 좋겠어요)랑 나이는 같은데 몸이 아파 한해 동안 휴학해서 이제 1학년이에요. 도서관에서 공부도 같이하고, 시화집도 만들고 성당도 함께 다니면서 학창시절을 아름답게 보내고 싶어요. 답장 기다릴게요. 꼭 부탁해요."

소년의 풋풋함이 그대로 향기가 되어 날아온다. 한 열흘을 편지를 쓰다 버리고 다시 쓰기를 수십 번 궁금한 마음을 이러지도 못하고 우체부 오빠 편에 답장을 보낸다. 그때 당시 시골에는 교통편이 발달하지 않아서 우체부가 일주일에 한두 번씩 시골 오지 마을을 방문하곤 했다.

도시를 동경하던 시골 처녀들에겐 우체부가 오는 날이 외지 남자를 볼 수 있는 유일한 날이기 때문에, 은근 꽃단장을 하고 남몰래 눈이 빠져라 고갯마루를 내다보곤 했다. 허리 모서리가 각이 지도록 다려입은 흰색 셔츠, 손이라도 벨 듯 날선 바지 줄, 사각 모자, 어깨 끈이 긴 갈색 네모난 가방을 사선으로 둘러메고, 자전거를 타고 달려오는 우체부는 흡

사 오월의 아름다운 시 같았다. 비단 편지나 전보뿐만 아니라 생활에 필요한 소소한 물품을 읍내에서 사다 주기도 하고, 면사무소 볼일 등의 어르신들의 잔심부름을 대신 해주기도 했다. 까막눈이신 어르신들께 편지를 대신 읽어 주거나, 도시로 나간 자식들에게 편지를 대신 써주기도 했다. 하얀 잇속 드러내며 웃는 모습은 처녀들 가슴에 불을 지폈고 재두네 할머니의 짓궂은 농담은 처녀들을 더 애달프게 했다.

"이년들이 다 상사병 나서 클(큰일)났구먼. 정신 차려 이년들아. 상사뱀한테 물려 죽기 전에."

우편물이 있든 없든 늘 우리 집에 들렀던 오빠는 날 '이쁜이'라 부르며 헤르만 헤세나 도스토예프스키를 이야기하고 클래식 음악에 대한 이야기를 들려주었다. 오빠는 또 아버지랑 무척이나 대화가 잘 통했던지 툇마루에 앉아 읍내나 세상 돌아가는 소식을 전해 주기도 하고 가족처럼 밥을 먹고 가는 날도 많았다.

"미지의 친구에게! 수 없이 망설이다 날 어떻게 알게 되었는지 궁금해 답장 보내요."

우체부 오빠 손에 들려 준 짧은 답장, 일주일 후 뽀오얀 먼지와 함께 고갯마루를 달려오는 자전거 한대,

"편지 기다렸구나. 남자 친구니?"

"네! 얼굴은 아직 몰라요."

"좋은 친구였음 좋겠다. 네 편지는 오빠가 가지고 있다가 직접 너에게 줘야겠구나. 괜히 부모님들 걱정하시니까. 대신 좋은 친구가 아니면 편지 안 하기로 약속하자."

6개월 이상 편지를 주고받다 보니 서로에 대해 편안해져 사진을 주고받게 되었는데 난 정말 깜짝 놀랐다. 훤칠한 키에 수려한 이목구비, 귀티가 풀풀 나는 모습, 주눅이 들었는지 만나고 싶어 하는 친구에게 난 용기를 내지 못하고 끙끙거렸다. 친구가 궁금하면서도 도통 자신이 없던 난, 편지를 미루게 되니 답장이 없는 외로운 편지를 보내던 친구도 지쳤는지 한동안 연락이 끊어졌다. 그러면서도 궁금함이 걱정으로 걱정이 병이 될 즈음 편지 한 통이 날아들었다.

"잘 지내지? 아직도 만나는 게 불편하면 대학 가서 만나도 괜찮은데 정우(가명)는 만나지 않았음 해. 믿고 싶지 않지만 네가 그런 친구를 사귄다는 게 이해가 안 되는구나. 그래도 난 너를 믿고 싶어."

고뇌가 느껴지는 몇 줄, 그제야 소식이 뜸했던 이유를 알 것 같았다. 지금 생각하면 헛웃음이 나지만 그때 당시 바람기 많은 친구가 있었는데 이목구비가 여간 수려한 게 아니었다. 친절함과 오금을 저리게 하는 눈웃음에 여고생들의 마음을 시도 때도 없이 훔치고 달아나는 요즘 말로 선수였다.

"이쁜이가 우울해 보이는데 무슨 일일까? 남자 친구하고 문제가 생겼구나. 오빠한테 털어 놓아도 되고 싫으면 말 안 해도 되고."

사람의 마음을 열게 하는 오빠의 마법 같은 언어, 편지를 건넨다. 갑자기 하늘을 향해 손바닥을 펼친다.

"하늘을 이 손바닥으로 가릴 수 있니?"

"뚱딴지같이."

"저 하늘은 진실이고 손바닥은 거짓이거든. 그러니까 걱정하지 마. 너희 둘의 순수한 마음은 거짓으로 절대 가려지지 않는단다. 좋은 친구 잃지 마라."

도시화 계획으로 서울 못지않은 화려한 모습으로 탈바꿈한 고향은 옛 모습은 흔적도 없이 사라졌지만, 그때만 해도 하루에 서너 번 운행하는 마을버스가 유일한 교통수단이었다. 마을버스는 도시로 학교를 다니는 고교생들과 대학생들이 모두 만날 수 있는 유일한 설렘의 공간이었다. 은근히 누가 타는지 기다리기도 하고 기다리던 누군가가 타지 않으면 궁금해 가슴이 타기도 했다. 콩나물시루처럼 빼곡히 들어찬 마을버스, 동네 후배 녀석이 부른다.

"누나! 이거 정우(가명)형이 드리래요."

편지였다. 서두를 보니 어디선가 베낀 흔적이 역력한 유치한 한 줄, 읽어 보지도 않고 찢어 후배 녀석한테 돌려주었다.

"이게 내 마음이라고 전해. 여자들한테 사귀자고 하면 다들 좋아서 환장하는 줄 아는 모양이지?"

"누나 편지를 찢으며 어떡해요. 나 맞아 죽어요."

"그런 심부름 하려면 맞아 죽어도 된다."

이후 한참을 마을버스에서 자취를 감추었던 녀석은 자존심이 상해 나랑 사귄다는 소문을 내고 다녔던 모양이었다. 뜸했던 친구의 편지는 터무니없는 소문의 영향이었고, 만난 적이 없으니 이래저래 서로 멀어질 수밖에 없었다. 난 취직이 되어 서울로 올라왔고 부산스런 서울 생활에 촌년이 얼빠지게 살다 보니 마음속을 배회하던 친구의 기억도 흐릿해지고 있었다. 결혼을 앞두고 친구 사진을 태우는데 아리한 통증이 느껴졌다.

오십대 아줌마가 받은 쪽지

"어머머 매니저님 어떡해. 내 가슴이 뛰어 미칠 것 같아요. 부러워요. 진짜 좋겠다."

"그러게요. 살다 살다 별일, 오십대도 괜찮은 나이인가 봐요. 나 이거 사물함에 보관할까 봐요. 신기해서."

"기다려 보시지 그랬어요."

"아이고 무슨 농담을요. 험한 세상이에요."

술렁이는 사무실, 난 푼수처럼 또 친구에게 전화를 건다.

"야. 부럽다 대박이다 정말."

수십 년의 시간을 단숨에 거슬러 올라 오십 줄에 접어들고 여성호르몬이 줄어들면서 갱년기가 다가오고, 스스로 여자임을 잊어버리고 그날이 그날인 듯 아닌 듯한 건조한 일상의 반복이다. 돈이 많아 사방팔방 파닥이며 줄행랑을 칠 팔자도 못되고 특성상 실적으로 급여를 만들어 내는 직업이다 보니 숨 막히는 불안감이 찾아 올 때면 이따금씩 들러 초심을 다져보는 도서관은 내겐 가장 편안하고 힘이 되는 공간 중 하나이다.

모처럼 들른 도서관, 도통 연락이 없던 지인들의 안부 전화에 수시로 들락거리는 나, 괜스레 눈치가 보여 짐을 챙기려는데 책상 위에 놓여 있는 쪽지 하나, 여긴 과천정보과학 도서관이다.

"읽어 보세요."

부산한 나 때문에 민원이 들어 온 모양이다. 민망해 후다닥 짐 챙겨 나와 차 안에서 쪽지를 펼치다 폭풍 웃음이 터졌다.

“참 단아하시네요. 괜찮으시다면 차 한 잔 하고 싶은데 4시 반에 지하 1층 매점에서 뵙는 건 어떨까요? 기다리고 있겠습니다.”

후끈 달아오르는 얼굴, 무심한 일상에 뛸 일이 도통 없던 심장이 쿵쿵 요란을 떤다. 몇 번을 재차 읽다 서랍에 넣는다. ‘피식’ 웃음이 샌다. 등 뒤가 이상하게 따가워 신경이 쓰였었다. 슬쩍 돌아보다 눈이 마주친 30대 중후반쯤의 푸른 셔츠의 청년, 난 속으로 그랬었다.

“임마! 내가 뭐 수선 떨고 싶어서 이러는 줄 아니? 너 속으로 그러지? 푼수 같은 아줌마라고. 그럼 오는 전화를 어떡해.”

먹고 사는 일이 바빠 앞만 보고 달리다 동창회 때 만난 친구에게 우연히 전해들은 이야기에 시린 가슴을 한동안 거두지 못했다.

“송 베드로가 신학대학 가기 전에 그렇게 널 만나고 싶어했는데 넌 애가 그렇게 무심하냐?”

5월의 싱그러움보다 더 풋풋하고 순수하며 투명하리만치 영혼이 맑았던 소년은 신학대학 졸업 후 사제의 길을 걷고 있다고 했다. 사제복을 걸치고 미사를 집전하시는 신부님과 소년의 모습이 겹친다.

아카시아향이 짙어지는 오월, 내 기억의 고향 고갯마루엔 여전히 각이 진 하얀 셔츠를 입고 우체부 오빠의 자전거가 달리고 있다. 스스로 갱년기 아줌마라고 무덤을 파며 건조한 일상을 지겹도록 반복하던 내게 아날로그 기법으로 잠시나마 오감을 두드려 준 청년, 그날이 그날이었던 내게 오늘은 오십대도 썩 괜찮은 나이란다.

거꾸로도 좋은데

세상은 너무나 빠르다 못해 가끔 우리가 외계인이 아닌가 싶을 정도로 인생의 주파수가 속도에 맞추어져 있는 것 같다. 옛날엔 2G에서 3G 현대에는 4G, LTE의 광속으로 진화된 스마트 폰엔 상대의 상태를 확인하며 소통을 나누는 공간인 카카오 톡이 이미 소통의 중심에 자리잡은 지 오래다. 스마트 폰으로 교체하자마자 처음으로 선물 받은 게 야동(야한 동영상)이었는데 그때의 충격은 적잖았다. 어디서 보는지조차 몰랐던 야동이 시도 때도 없이 아무렇지도 않게 전송이 되고 복사하고 붙여넣기 한 후 전송 버튼만 누르면, 스마트 폰을 가진 세상의 모든 사람들과 공유가 된다는 사실만으로 경이로운 기적이면서도 걱정거리였다.

너도 나도 경쟁하듯 보내오는 동영상이나 사진, 좋은 글 등 세상곳곳의 온갖 소식을 받은 이는, 남이 먼저 보낼세라 즉시 복사를 하고 지인들을 클릭해 붙여넣기 한 후 단체 전송을 한다. 그러다 보니 같은 메시지가 중복이 되어 오는 탓에 스트레스가 될 때도 있어 본의 아니게 차단을 시키기도 한다. 뒤늦게 스마트 폰을 장만한 이들은 이미 오래 전에 지겹도록 받았던 그룹 문자나 동영상들을 마치 지구상에서 자신이 처음 알고 있는 일인 양 자랑스럽게 시도 때도 없이 날려 보낸다. 어느 땐 그런 문자들이 고맙다기보다 너무나 지겨운 공해가 된다.

카카오 톡엔 상대의 기분이나 상태를 알리는 자신만의 메시지를 남기는 경우가 많아서 자연스럽게 상대의 소식을 간접적으로 접하게 되고 안부를 묻기도 한다. 그리고 예전처럼 손가락으로 꾹꾹 눌러 문자를 보내는 게 아니라 가벼운 터치만으로도 문자가 만들어지고 전송이 되기 때문에 웃지 못 할 해프닝이 종종 벌어진다. 연말연시 상사 분들께 카톡으로 1년 마무리 인사를 드리는데

'새해 복 많이 받으시고 건강하세요. 늘 감시 합니다. 단장.'

님! 을 치려는데 야속하게 날아가 버린 톡! 얼굴이 후끈 달아오르며 민망함을 감출 수 없었다.

"죄송해요 단장님. 님! 자가 빠졌어요. 님! 다시 배달해 드려요. 감시는 안 할게요."

"허허허 괜찮아요. 님 을 배달하니 기분이 오히려 좋은데

요. 게다가 관리까지 해 준다니 허허.”

센스 만점 상사분 덕에 민망함이 덜어졌지만 그 생각이 날 때 마다 방바닥을 뒹굴며 웃었다. 사유를 모르는 사람들이 보면 내가 상사고 단장님이 부하직원으로 알아 충분히 오해의 소지가 있는 메시지였다. 한번은 만나 뵙기도 힘든 VIP 고객님께 아침 문안 인사를 드린다고 맘먹고 카톡을 보냈는데 대형 사고가 터졌다.

“좋은 하루 되시고 행복한 일만 가득 하세요.”

스치기만 해도 반응하는 예민한 액정, 수정할 사이도 없이 당당하게 내 폰에서 떠나간 메시지는

‘좆은 하루 되시고’라는 망언을 날렸다. 후끈 달아오르는 얼굴, 안절부절 정신을 못 차리는데 곧바로 날아온 답장.

“아이고 고맙습니다. 매니저님 덕분에 건강한 하루가 될 것 같네요 나라 잘 지키세요. 저는 미국 출장 갑니다. 파이팅!”

고객님의 기가 막힌 센스에 민망함과 뻘쭘한 웃음이 지어졌지만 어디 그뿐인가. 메인화면에 비밀번호를 설정해 숫자나 패턴으로 보안을 해 두지 않으면 주머니나 가방에 눌리거나 스쳐서 마지막에 걸려온 전화나 문자의 상대에게 자기 혼자서 계속 콜을 하기도 하고 처음으로 입력한 번호의 상대에

게도 스토커처럼 계속 전화가 걸어지기도 한다.

한번은 지인이 너무 황당해서 말이 안 나온다며 아무리 해명을 해도 남편의 오해가 풀리지 않아 결국 상대랑 삼자대면까지 했다며 망신스러워 스마트 폰을 부수어버리고 싶다고 하소연을 해왔다. 이유인 즉 새벽 한시고 두시고 상관없이 회사 사장님이 날마다 전화를 걸어온단다. 하루는 진동으로 해놓고 지인은 잠이 들고, 남편이 화장실을 가려고 일어난 순간 전화가 걸려와 받게 되었다. 전화가 걸린 줄 모르는 상대는 당연히 말을 할 이유가 없었고, 전화를 걸어놓고 상대가 말을 안 하니 남편의 입장은 불쾌하기만 했다.

몇날 며칠 들볶아대는 남편의 오해를 풀기 위해 삼자대면을 감행했다. 지인의 초성이 'ㄱ'자다 보니 첫 번째로 입력이 되어 있었던 거고, 머리맡에 둔 스마트 폰은 뒤척거리다 스치면 친절하게도 명령으로 인식해 지인을 시도 때도 없이 불렀던 게다.

상대의 안부가 궁금해 올려놓은 사진을 클릭하다 의도치 않게 무료 통화가 가능한 보이스톡이 눌러지는 경우가 있다. 부랴부랴 백 터치를 눌러보지만 상대에겐 '보이스톡 해요. 보이스톡 해요'란 메시지가 이미 날아가 버린 후다.

처음엔 전화가 걸려 온 줄 알고 상대방에게 물어보면 대부분 잘못 터치된 경우여서 '보이스 톡 해요'가 떠도 잘못 눌렀구나 하고 신경을 쓰지 않게 된다. 문명의 이기에 대한 자만이 지나친 나머지 한 뼘 통화족들의 뻔뻔함에 시달리는 주변 사람들도 적지 않다. 조용한 사무실에 기차 화통을 삶아먹은 것 같은 목소리로 통화를 하는 것까지는 어찌 참겠는데 상대방이 고래고래 소리치는 것까지 들어야 하는 스트레스는 참으로 견디기 힘든 행패고 몰염치다.

지인들과 간만의 모임에 행복한 수다를 쏟아 놓았었다. 헤어지고 나서 불과 서너 시간도 안 되어 지인에게 보이스톡이 걸려왔다. 처음엔 잘못 눌렀나 싶었지만 연거푸 걸려오는 전화에 급한 모양이다 싶어 터치를 했다.

'여보세요.'를 아무리 외쳐도 상대는 답이 없어 전화를 끊으려던 찰나, 지인은 놀랍게도 방금 헤어진 사람들 험담을 늘어놓고 있었다. 험담의 차원을 넘어 도마에 오른 이들도 모르는 끔찍한 사실을 만들어 부풀려 말하는 지인은 이미 선의 경계를 넘어서고 있었다. 믿고 터놓은 이야기들이 왜곡되어 수다방 주제로 떠오른 사실을 알고 난 후, 처음엔 기막혀 했으나, 오히려 말을 아끼게 되고, 나로 인해 다른 사람들이 상처받지 않기를 바라는 마음에 한 번 더 생각해보고 말을 하는 습관이 생겼다. 마음의 언어야말로 자신에 대한 가장 아름다운 배려이고, 자신에 대한 배려는 곧 타인의 입을 다물게 하는 처방전임을 스마트 폰이 상기시켜 준 셈이다.

스마트 폰은 가끔 작은 기적을 행하기도 하는데 한번은 여고 졸업 후 한 번도 만나지 못한 절친이 카톡을 보내왔다. 놀라움에 번호를 어찌 알았냐 물으니 친구 카스 방(카카오스토리 방)에 들어가 친구의 지인들을 파도타기 하다 동명이인인가 하는 마음에 말을 걸어왔다고 했다.

반가운 친구를 찾는 경우도 있지만 불필요한 사람들에게 자신의 존재감이 드러나기도 해 종종 불편한 일들이 생겨나기도 한다. 이 글을 쓰기 시작할 때와 지금은 또 다른 소통 공간인 밴드가 중심이 되어 소그룹, 때론 대그룹으로 지인들끼리, 또는 취미가 같은 사람들끼리, 수많은 이유의 모임이 생겨난다. 피할 수 없는 문명의 진화는 여전히 선과 악을 거듭하며 그 끝이 어디일지 가늠조차 되지 않는다.

10여 년 전에 보았던 SF영화의 일부 장면은 현실이 되어 우리 삶의 중심을 차지하기도 하는데, 신기하기도 하지만 광속(光速)의 진화에 몸서리가 쳐지기도 한다. 속도에 지친 사람들이 지구 반대편 느린 세상으로 달아나는 일들도 잦아졌다. 빛의 속도로 날아오는 세상의 이야기들은 빛의 속도로 잊혀지기도 한다. 사람과 사람이 부대끼며 나누는 정마저 인간이 만든 매체를 통해서 전달되는 건 아닐까 은근히 겁이 나기도 한다. 광속으로 진화해온 그 길을 거꾸로 돌아가 좀 더디더라도 인간미가 넘치는 북적거리는 세상을 마주하며 느긋하게 다시 한번 걸어 보고 싶은 요즘이다.